N. アイゼンシュタット
C. オッペンハイム
宮本章史［訳］

# イギリス家族政策はどう変わったのか
### 子育て・貧困と政府の役割

日本経済評論社

# 日本語版序文

## (1)　はじめに

　本書はもともと 2019 年にイギリスで出版されたものである．その後，新型コロナウイルスのパンデミックが世界中を襲った．この短い序文では，本書で述べた主題に関し，イギリス政府がパンデミックを受けてどのような対応を行ったかを簡潔に述べたい．2019 年に本書を執筆した際，家族の生活について政府は 2 つの役割を担っていると論じた．具体的にいうと，それは親へのプレッシャーを減らす政策の実施と，彼/彼女らが，健康で幸せな子どもを育てる（潜在的な）能力の向上を目的とする，公的な資金に立脚したサービスの整備を指していた．パンデミックに関するイギリス政府の対応は評価できる部分も多くあるが，残念ながら，基本的な方向性は 2019 年に本書で示したものが一段と進んでいる．実質賃金の低下，景気後退の危険性，公共サービスの削減，子どもの貧困の深刻化により，親たちへのプレッシャーは増大した．さらに，エネルギー価格だけでなく必要不可欠な日用品の急速な値上がりを伴う「生活費の危機（cost of living crisis）」がパンデミックの影響と重なり，とりわけ低所得の家庭は大きな打撃を受けている．

## (2)　何が起きたか：ロックダウンと変わる規則

　イギリスではよくみられることだが，パンデミックの対応に関しても，一定程度，スコットランド，ウェールズ，および北アイルランドに権限が与えられた．以下では，パンデミックに対しイギリス政府が制定した，主にイングランドに関わる政策について言及する．新型コロナへの懸念が報道機関や公の場で議論され始めたのは 2020 年 1 月であった．翌 2 月には 33 人の感染が報告され，それが 3 月には 9,366 人まで急増した．感染症に詳しい科学者

たちのアドバイスをもとに，全英最初のロックダウンが実施されたのは
2020年3月下旬だった．生活必需品を販売する店以外の店舗は閉鎖され，
生活基盤の弱い子どもや，エッセンシャルワーカーの家庭の子どもたちを除
き，学校や保育・幼児教育施設も閉鎖となり，人々は家にいることが命じら
れた．外出が認められたのは医療サービスを受けるときや，食料品を購入す
るとき，そして1日につき1時間以内の運動のみであった．施設内ではマス
クの着用が義務化された．2020年6月1日には外出制限が緩和され，6人ま
でのグループで屋外に集まることが許可された．翌7月から9月にかけて，
ロックダウンの大部分は解除され，制限のあった事業所も再開が認められた．
しかし「新型コロナ対策」の手引きに沿った運営を行う関係上，入店顧客数
の制限，ウイルス除菌・消毒剤の定期的な使用，およびその他の健康と安全
維持のための対策は事業所にとって相当な負担となった．

　2回目の全英ロックダウンは，2020年11月にアナウンスされた．店舗や
学校は再び閉鎖が義務付けられ，屋内で集まるのは家族のみ，家族以外とは
屋外かつ1名の者と会うことのみに制限された．単身者は「サポート・バブ
ル」の形成が認められ，特定の家族ないし友人（1世帯のみ）と屋内外を問
わず一緒に過ごすことが可能となった．世間からの圧力を受け，政府はクリ
スマス期間にいくつかのルールを緩和した．2021年1月から3月にかけ，
第3回目の際は最初のロックダウンと同様のルールが課された．

　2021年1月に開始したワクチン接種プログラムは新型コロナ終息の希望
を高めた．事実，概ね成功といえるワクチン接種プログラムにより，新型コ
ロナによる入院や死亡者は劇的に減少した．ただし，経済的はく奪度の高い
エリアに住む者や，いくつかのエスニック・マイノリティ集団のワクチンの
接種率は低かった．また，野宿者，深刻なメンタルヘルスの問題を抱えてい
る者，薬物やアルコールの問題を有する者を含む，以前から長らく公共サー
ビスが届いていなかった者たちも，進んでワクチン接種を受ける可能性は低
かった．3度目のロックダウンで課された制限は，2021年5月から7月にか
けて緩和された．屋内でのマスクの着用は依然として義務付けられ，イベン

トが開催される会場では，入場に際しワクチンの接種証明の提示が求められることもあった．

　2022年1月までに，ほぼ全ての制限は解除され，マスクの着用も義務から奨励へと変わった[1]．

## (3)　雇用の保護とリスク

　政府は，パンデミックとロックダウン施策で最も厳しい影響を受けた数百万の人々を保護するため，一連の大規模な緊急施策を打ち出した．これには，自営業者への支援に加え，政府が被雇用者の賃金の80％（月額2,500ポンドが上限）をカバーするコロナ雇用維持スキーム（一時休業スキーム）が含まれていた．給付システムにもいくつかの一時的な変更が加えられた．最も重要なものは，無職世帯と非常に低い賃金で働く人々への所得移転として実施された，ユニバーサル・クレジットの週20ポンドの追加給付であった．

　こうした緊急施策により，全般的には貧困世帯の実質所得は2020/21年に3％増加した．平均すると，（稼得がゼロないし少ない世帯の給付や税額控除の金額は）政府が緊縮を行った2011/12年以降の給付カット前の水準に戻るものであった（Cribb et al, 2022）．貧困率は下がり，絶対的貧困にある子どもの割合は2％低下した（Cribb et al, 2022）．

　ただし，こうした極めて重要な施策が実施されたものの，支援の対象となる条件を満たすことができず，給付に至らなかったグループも存在した．多くの人々は，生活を維持するのに必死であった．第1回目の全英ロックダウンは，稼得所得の分布で下から10％の最も貧困度の高い人々にとりわけ深刻な影響を与え，女性（特にシングルマザー），若者や低賃金労働者は最も大きなダメージを受けた（Blundell et al, 2020）．また，以前から貧困のリスクが高かった，複数のエスニック・マイノリティ集団は新型コロナによる死亡率の高さと，経済活動が封鎖された領域に取り残されるリスクの増加という二重の打撃を受けた（Platt and Warwick, 2020）．経済のいくつかの分野，具体的には美術・文化産業，ホスピタリティ・観光産業は厳しい状況に置か

れた．こうした産業では多くの仕事が，パンデミックになる前から不安定であった．また，コロナ禍は，第一線の現場でサービスを提供する人々，ないし新型コロナで閉鎖された部門に勤めていた人々と，知識集約型産業での被雇用者（在宅ワークが可能である割合が高い）との間での不平等を露呈させた（British Academy, 2021）．さらに，長らく続いている地理的な不平等も拡大した（British Academy, 2021）．

### （4）　コロナ禍は終息したのか

　2022 年 2 月までにワクチン接種率は上昇し，新型コロナに関するルールも緩和されたため，パンデミックは終息したという雰囲気が人々の間で生まれた．2022 年 4 月にイギリス政府は「新型コロナを含む，呼吸器感染が存在するなかでの安全な暮らし（Living safely with respiratory infections, including COVID-19）」[2] というガイダンスを示した．それは，新型コロナへの一定の対処方法が構築され，今後は冬季のインフルエンザと同じような対策のもと，共存しながら暮らすという意味合いを持っていた．新たに登場したオミクロン株は感染力が高いが，死亡する割合は低いことが明らかとなっている．感染者数に変動はあったものの，死亡する者や入院する者は非常に少なくなった．2022 年 7 月までに，イギリス国民のおよそ 5% が新型コロナに感染した．この感染レベルは，とりわけ職場に持続的な問題をもたらす高さであった．医療機関等による生活に欠かせないサービスは，職員が頻繁に欠勤するため深刻な打撃を受け，職員不足が原因で待ち時間は連鎖的に増大した．

　政府のガイダンスは，新型コロナで陽性となった者すべてに自主隔離を奨励した一方，自宅待機者への支払い，つまり有給病気休暇の対象は，症状が重くて働けない者のみとされ，新型コロナの陽性反応が出ても無症状のケースは，その対象から除外された．また，無料での検査もすでに終了している．したがって非常に低い賃金で働いており，雇用主からの支援が何もない労働者は，所得補償なしで自宅待機を勧められることを恐れ，検査を受ける状況になかった．

　2022 年の間に，政府が取り組む社会保護の多くは，緩やかに終了してい
った．家族の貧困という点からみて大きな変更は，2022 年 4 月のユニバー
サル・クレジットにおける週 20 ポンドの上乗せの廃止であった．新たに実
施された取り決めにより，ユニバーサル・クレジットを受けている家族の 4
分の 3 は不利益を被ることになったと推定されている．パンデミックの間に
実施された財政移転は取り下げられ，ウクライナでの戦争や，エネルギーお
よび食料品価格の大幅な上昇は，生活費用の増大へとつながり，それは何
百万もの家庭に貧困のリスクをもたらした．

### (5)　新型コロナとロックダウンが子育て家族に与えた影響

　親たちが子を育てる環境は，新型コロナにより一変した．保育の供給主体
からのサービスは中断され，学校は相当期間にわたり閉鎖された．親たちは
子どもの教育について以前よりも大きな責任を負わねばならず，多くの人に
とって自宅が学びを行う唯一の場所となった（Oppenheim et al, 2022）．ま
た，親と子どもたちは，社会との接点や関与を絶たれた．PC や電話，デジ
タルツールへのアクセス，およびインターネットに関するスキルやデジタル
スキルの不平等により，コロナ禍では，一部の親にとって子どもの学びを支
援することが極めて難しくなった．新型コロナは居住環境の不平等も露わに
した．2020 年春のロックダウンでは，低所得世帯の子どものうち 20％ が 1
人あたり面積が狭すぎる住居で暮らしており，高所得世帯ではその値は 3％
であった（Oppenheim and Milton, 2021）．また，新型コロナは高齢者にと
って一段と危険性の高いものであったため，二世代・三世代同居の世帯につ
いては，深刻な病気や死亡のリスクが高かったことが分かっている．こうし
た家庭は，エスニック・マイノリティ集団の者たちで構成される割合も高か
った．

　パンデミックの間に，（とりわけ 10 歳未満の子を育てる）親のメンタルヘ
ルスに悪化がみられた（Dawes et al, 2021）．また，親どうしの諍いが増加
したというエビデンスがあり，地方自治体別でみると，その 4 分の 3 で親の

摩擦が増加したと報告されている．プレッシャーは，とりわけひとり親にとって大きかった（Ghiana et al, 2020）．

　また，すでに乳幼児のうち相当数が新型コロナの影響を受けたことが明らかになっており，その子どもたちのコミュニケーションや言語，および社会性や情動の発達に遅れが生じている．ロックダウンの期間中，赤ちゃんや就学前の子どもが健康に育つうえで欠かせない，家族以外の人とコンタクトを取る機会は非常に限られていた．肥満の子どもも増えており，豊かな家庭と貧困下にある家庭との間の学業成績のギャップも拡大した．パンデミックの前から増加傾向にあった青少年のメンタルヘルスの不調は，一段と深刻な状況にある．

　学びの損失の影響を取り戻す一助として，政府による補足的な財政援助が行われた．しかし困難の規模を考慮すると，パンデミックおよびそこから抜け出すまでの長期的な影響力を跳ね返すに十分な金額とは考えにくい．ケヴァン・コリンズ卿は，教育の遅れを取り戻すための提言を行う任を政府から受けた．彼はそのための費用を150億ポンドと見積もったが，政府が表明した金額がわずか30億ポンドであったことを受け，辞任している．

　パンデミックになる前から法で定められたサービスやボランティア活動の支援を受けていた複合的困難を抱える家族は，とりわけ孤立してしまった．各機関との連絡は制限され，プレッシャーが増大したことで，子どもに実害が及ぶ危険性が高まった．移動の自由がほとんどない狭い住居で家族が暮らすことにより，DVや児童虐待が増える条件が生まれてしまったのは驚くに当たらない．経済パフォーマンス・センター（Centre for Economic Performance）の研究によれば，かつてのパートナーからの女性に対する暴力は減少したものの，現在のパートナーから受ける暴力が大幅に増加したことが分かっている（Ivandic et al, 2020）．児童保護に関わる主たる慈善団体の1つである，全英児童虐待防止協会（NSPCC：National Society for the Prevention of Cruelty to Children）も，子どもの安全性について同様の懸念を述べている（Romanou and Belton, 2020）．

　新型コロナが多くの負の効果をもたらしたなか，望ましい発展もみられた．パンデミック中に，コミュニティに基づく実践的な支援の場が生まれた．いくつかの場所では，無料学校給食の対象となっているものの，学校が閉鎖され，その機会を逃していた子どもがいる家族に，教員たちが無料の食事を配達する組織が作られた．

　リモートでの仕事は一方で不平等を拡大させたが，家族によっては以前よりも容易に仕事とケアを両立する機会をもたらした．父親が子どもへのケアを行い，共に過ごす時間が増えたというエビデンスがあり，子どもとの関係が改善したと報告されている．パンデミックは地域サービスのイノベーション，デジタルな支援の提供，（オンラインでの）幼児と高齢者の交流，そして専門職の人々・親たち・家族の間での協同をもたらした．こうした変化の一部は現在も日々の実践に取り入れられている．

## (6)　コロナ禍を振り返って

　新型コロナのパンデミックは，当初，医療上の緊急事態として扱われた．政府は，重症患者と死亡者を減らすため莫大なエネルギーと資源を費やした．これから何年にもわたって長く影響を与え続けるであろう社会的，経済的現象であったし，この現象が今も続いていることを，われわれは理解している．

　補講を伴わない休校措置により，長期にわたり子ども・若者世代全体が，今後の人生で職に就く際に苦労するだろう．加えて，子どもや若者への普遍的サービスは，早期に困難を見つけ出し，問題が固定化し始める前に対処する機会となる傾向がある．コロナ禍で学校がこうしたチェックを行う役割を欠いてしまった．したがって，多くの必要（ニード）は未だ満たされておらず，ポストコロナの支援サービスへの需要は急速に増大している．

　子どもの健康もまた，脅かされている．それはロックダウン中にサービスの利用が難しかったという理由だけでなく，そうしたサービスの相対的な位置づけとも関係があった．コロナ禍は，概ね高齢者に影響を与えたため，高齢者へのサービス提供を重視し，児童サービスよりも成人向けの医療や社会

的ケアの優先度を高めるという，過去と同じ構図をもたらした．なお，パンデミック中の国民保健サービス（NHS）への支援は非常に大きかった．それは並々ならぬ努力と，医療従事者が自らの感染リスクを引き受けている点を認識してのことであった．ただしパンデミック後に残されたものとして，コロナ禍でその多くが利用できない状態にあった医療サービスへの需要が山積している．大人と子どものいずれも，必要不可欠な医療サービスを受けるまで長い待ち時間を要している状態である．待ち時間の長期化は，人々の状態を悪化させ，早期介入の機会を失いかねないものとなる．

　新しい政策に加え，乳幼児向けサービス，母親の出産前後におけるメンタルヘルス面の支援，そして家族向けサービスをつなげるファミリー・ハブ〔訳注：チルドレンズセンターの延長線上という位置づけの拠点を指す〕という３つへの投資と，複雑な困難を抱える家族へ資源を提供する投資を行うことで，政府の家族政策への関わりが再び高まる兆候はある．ただし今までのところ，そうした投資は限られており，家族が直面する必要（ニード）の規模や専門性に追いつくものにはなっていない．

　パンデミックによる予期せぬ結果の１つは，人々が科学的な知識や議論を積極的に欲したことである．パンデミックの間，この病気の最新のエビデンスに関する報告（具体的には，マスクの着用，ソーシャルディスタンス，ワクチンの効果）が，テレビにより毎日提供された．変化する科学的見解に絶えずふれることに対し，深い興味を抱く人々がいた一方，「専門家」を信用しない者もいた．こうした新たな困難をすぐに解明することはできない．しかし，人々がその解明を欲していたのも無理はない．

　本書では，様々な科学的見解や，リスクと機会がもつ影響力について多くの事例を取り上げている．実際，家族へのプレッシャーを減らすうえで十分な金銭的・社会的支援と，親たちの潜在能力の改善という２つの間で，どのようなバランスをとって財政支援を行うのかが本書のメインテーマとなっている．パンデミックに対する政府の応答は，金銭的支援を行う点で概ね成功しており，潜在能力の改善に向けた努力はオンライン上の講習や団体を通じ

て続けられている．残念なことに，パンデミックが収まるに従い，財政的援助も終了してしまった．2022年のイギリスを襲う生活費の危機に関しては，われわれがパンデミックの間にみてきた，政府組織を横断する集中的，協同的努力に見合うものはまだない．2019年に本書で提示した多くの問題や関心事は今も対処されておらず，以前より悪化したものも多い．政府は家族政策において担うべき役割があるという，われわれの見解は今も変わっていない．その役割を果たすには，家族が自分自身の力で暮らすだけでなく，互いに気を配り，子どもの世話をすることができるサービスと，十分な社会保障の両方を提供することが必要である．

ナオミ・アイゼンシュタット＆キャリー・オッペンハイム
2022年8月

### 注

1 https://researchbriefings.files.parliament.uk/documents/CBP-9068/CBP-9068.pdf
2 www.gov.uk，健康安全保障庁（Health Security Agency），2022年4月公開．

### 参考文献

British Academy (2021) *The COVID DECADE: Understanding the long-term societal impacts of COVID-19.* London: British Academy.

Blundell, R., Costa Dias, M. Joyce, R. and Xu, X. (2020) 'COVID-19 and Inequalities', *Fiscal Studies*, 41(2), 291-319.

Cribb, J. Waters, T. Wernham, T. and Xu, X (2022) *Living standards, poverty and inequality in the UK: 2022.* Institute for Fiscal Studies.

Dawes, J., May, T., McKinlay, A., Fancourt, D., and Burton, A. (2021) 'Impact of the COVID-19 pandemic on the mental health and wellbeing of parents with young children: a qualitative interview study', *BMC Psychology*, 9：194.

Ghiara, V., Pote, I., Stanford, M. and Sorgenfrei, M. (2020) *Reducing parental conflict in the context of Covid-19: Adapting to virtual and digital provision of support*, London: Early Intervention Foundation.

Ivandic, R. Kirchmaier, T. and Linton, B. (2020) 'Changing patterns of domestic abuse during Covid-19 lockdown', Centre for Economic Performance Discussion Paper, London School of Economics.

La Valle, I., Lewis, J., Crawford, C., Paull, G., Lloyd, E., Ott, E., Mann, G., Drayton, E., Cattoretti, G., Hall, A. and Willis, E. (2022) *Implications of COVID for Early Childhood Education and Care in England.* Centre for Evidence and Implementation. Family and Childcare Trust.

Oppenheim, C. with Batcheler, R. and Rehill, J. (2022) *Bringing up the next generation: from research to policy*, The Changing face of early childhood in the UK. London: Nuffield Foundation.

Oppenheim, C. and Milton, C. (2021) *Changing patterns of poverty in early childhood*, The changing face of early childhood in the UK. London: Nuffield Foundation.

Platt, L. and Warwick, R. (2020) *Are some ethnic groups more vulnerable to COVID-19 than others?*, London: Institute for Fiscal Studies.

Romanou, E. and Belton, E. (2020) *Isolated and struggling: social isolation and the risk of child maltreatment, in lockdown and beyond.* London: NSPCC.

# 目次

# 凡例

1. 本書は，Naomi Eisenstadt and Carey Oppenheim, *Parents, Poverty and the State: 20 Years of Evolving Family Policy*（Policy Press, 2019）の翻訳である．

2. 分かりやすくするため，節には原書にない番号 1. 2. …を付した．

3. 注は原書と同様 1 2 …で示し，章末にまとめた．

4. 訳者による注は 1〕2〕…で示し，脚注にまとめた．また本文中，訳者による補足は〔 〕で示した．

5. 原書本文中イタリックで表記された強調は，訳書では太字で示した．

# 図表・BOX 一覧

# 略語一覧

ACE     Adverse Childhood Experience（子ども期の逆境経験）

CASE    Centre for the Analysis of Social Exclusion（社会的排除分析センター）

CSJ     Centre for Social Justice（社会正義センター）

CYPU    Children and Young People's Unit（子ども・若者事務局）

DCSF    Department for Children, Schools and Families（子ども・学校家庭省）

DfE     Department for Education（教育省）

DfEE    Department for Education and Employment（教育雇用省）

DfES    Department for Education and Skills（教育・職業技能省）

DUP     Democratic Unionist Party（民主統一党）

DWP     Department for Work and Pensions（雇用年金省）

ECCE    Evaluation of Children's Centres in England（イングランド・チルドレンズ・センター評価）

ECM     Every Child Matters（すべての子どもの平等保証）

EEF     Educational Endowment Foundation（教育基金財団）

EIF     Early Intervention Foundation（早期介入財団）

EMA     Education Maintenance Allowance（教育維持手当）

FIP     Family Intervention Project（家族介入プロジェクト）

FNP     Family Nurse Partnership（ファミリー・ナース・パートナーシップ）

HBAI    Households Below Average Income（平均所得未満世帯）

HLE     home learning environment（家庭学習環境）

HMT     Her Majesty's Treasury（財務省）

IFS     Institute for Fiscal Studies（財政研究所）

IPPR    Institute for Public Policy Research（公共政策研究所）

IY      Incredible Years（インクレディブル・イヤーズ）

MCS     Millennium Cohort Study（21世紀コホート研究）

NESS    National Evaluation of Sure Start（シュア・スタート全国評価）

NHS     National Health Service（国民保健サービス）

OECD    Organization for Economic Co-operation and Development（経済協力開発機構）

Ofsted    Office for Standards in Education, Children's Service and Skills（教育監査局）

ONS    Office for National Statistics（国家統計局）

QED    quasi-experimental design（準実験デザイン）

RCT    randomized control trial（ランダム化比較試験）

SES    socio-economic status（社会経済的地位）

SETF    Social Exclusion Task Force（社会的排除タスクフォース）

UC    Universal Credit（ユニバーサル・クレジット）

# 著者紹介

※所属は原著が出版された 2019 年時点のもの

**ナオミ・アイゼンシュタット**（Naomi Eisenstadt）

ロンドン大学スクール・オブ・エコノミクス（LSE）の国際不平等研究所（International Inequalities Institute）客員研究員．2015 年より 4 年にわたり，スコットランド政府の貧困問題にかかわっており，2015 年 6 月から 2017 年 6 月にスコットランド首相専属貧困問題独立顧問，2017 年 9 月より 2018 年 12 月までスコットランド貧困・不平等委員会の副委員長を務めた．長らく非営利組織（NGO）セクターにて勤務した後，1999 年にシュア・スタート・ユニット（事務局）の初代事務局長となった．同事務局はイギリス政府が表明した方針に基づき，全ての 3・4 歳児に対する無料の幼児教育施設の提供，全国児童ケア戦略の実施，および，社会的に不利な地区に暮らす子どもと，その他の同年齢の子どもとの間の成果の差の縮小を狙いとした主要プログラムであるシュア・スタート（Sure Start）の実施を行うべく設立された．シュア・スタートを立ち上げた後は，3 年にわたり社会的排除タスクフォースの機関長を務めた．これは長らく排除されてきたグループの必要（ニード）に対処する政策の策定および促進のための省庁横断的な機関であった．公職を辞した後は 9 年にわたりオックスフォード大学の名誉研究員となり，カムデン平等委員会，および，ミルトンキーンズ子どもの貧困委員会の委員長を務めた．児童発達や子どもの貧困に関する書籍と複数の論文を公刊している．2002 年にオープン大学（the Open University）の名誉博士号を授与され，2005 年にはバス勲章のコンパニオンを授与されている．

**キャリー・オッペンハイム**（Carey Oppenheim）

ロンドン大学スクール・オブ・エコノミクス（LSE）の国際不平等研究所

（International Inequalities Institute）客員研究員．就学前幼少期に関し，優れた分野横断的事業を進めるナフィールド財団（Nuffield Foundation）にも勤務している．これまでに慈善団体である早期介入財団（Early Intervention Foundation）の最初の理事を務めたほか，ホワット・ワークス・エビデンス・センターにも従事していた．2007 年から 2010 年には公共政策研究所（Institute for Public Policy Research）の副所長であった．2000 年から 2005 年にかけては，首相官邸政策事務局（Number 10 policy unit, 首相への政策提言を行う事務局）において当時のイギリス首相トニー・ブレア議員の特別顧問を務めている．子どもの貧困と子どもの権利，ワーク・ライフ・バランス，社会保障，雇用政策に関する各大臣や国家公務員，各分野の関係者と非常に近い距離で活躍してきた．子どもの貧困アクショングループ（Child Poverty Action Group）の副所長，研究所長に加え，ロンドン・サウスバンク大学で社会政策の上級講師も勤めてきた．首都ロンドンでの貧困問題に対処する政策の進展をもたらした，ロンドン子どもの貧困委員会（London Child Poverty Commission）の委員長も務めている．2010 年から 2013 年には教員となるための養成訓練を受け，ロンドンの貧困地区にある学校で歴史と政治の授業を行っていた．長期にわたり政治的に支持される新たな貧困指標の発展を目指す，独立した組織である社会的測量基準委員会（Social Metrics Commission）のメンバーでもある．ロンドンで夫と 2 人の娘と暮らしている．所属機関ではなく個人の立場で執筆している．

# 謝辞

　本書の執筆にあたり，多くの同僚や友人から非常に大きな支援をいただきました．特に，ロンドン大学スクール・オブ・エコノミクス（LSE）の国際不平等研究所の研究員として受け入れてくださったジョン・ヒルズ（John Hills）教授，アーロン・リーブス（Aaron Reeves）博士に謝辞を申し上げます．また，こうした研究を支援する奨学金を与えてくださった，ジョセフ・ラウントリー財団にも感謝申し上げます．その資金により，わたしたちは国際不平等研究所でともに過ごし，LSE の有する多大な資源を全て利用するとともに，社会正義に関わる研究に従事する他の研究者と接することができました．リザ・リャン（Liza Ryan）はわたしたちを国際不平等研究所に快く迎え入れてくれるとともに，複雑な大学のシステムをガイドする手助けをしてくださいました．

　多くの方から，初期の原稿についてコメントを寄せていただき，わたしたちが伝えようとしていたことについて話し合い，そして，本書を考えるにあたり他の領域に関する助言を寄せていただくという支援を受けました．ジョン・ヒルズ（John Hills）が進行役となり，クリス・カスバート（Chris Cuthbert），リサ・ハーカー（Lisa Harker），レオン・ファインシュタイン（Leon Feinstein），ドナ・モロイ（Donna Molloy），トム・ライリー（Tom Rahilly），キティ・スチュワート（Kitty Stewart），キャシー・シルヴァ（Kathy Sylva）が参加する会議を開いていただきました．その会議は，こうした専門家グループによる一連の見解を共有するうえで極めて有益な場となりました．他にも，キルスティン・アスムッセン（Kirsten Asmussen），ジャビール・バット（Jabeer Butt），ジョー・ケースボーン（Jo Casebourne），ムビン・ハク（Mubin Haq），ギャビン・ケリー（Gavin Kelly），トム・マクブライド（Tom

McBride), テレサ・スミス (Teresa Smith), フィリッパ・ストラウド (Philippa Stroud), テレサ・ウィリアムズ (Teresa Williams), ジェーン・ウォルドフォーゲル (Jane Waldfogel) から貴重な意見をいただきました．助言やコメントを寄せてくださったすべての方々にお礼を申し上げます．なお，本書において仮に誤りないし誤った判断がある場合，その責任はすべて筆者のわたしたちにあります．

# 第1章
# 序論


　本書のタイトルは戦後イギリスにおいて重要な3つの議論を反映している．**第一に子育てをする母親，父親，およびそれ以外の幅広い家族が担う役割，第二に貧困の性質，そして第三に家族生活と貧困対策における公共政策の役割**に関する議論である（強調は訳者）．本書は，家族政策の概観および直近20年間の変化を示すこと，子どもと家族の成　果に影響を与える諸要素についてのエビデンスベースを提示すること，そして政策が子　育てや家族生活の現実にどれほど対処しているのか評価することを目的としている[1]．われわれは貧困というレンズを通して，家族へのプレッシャーを減らし，親と子どもの潜在能力を高めることにより，これまでの政府が子どもの成果を改善しようと行ってきた試みを分析する．ここでは，子どもの貧困を削減してプレッシャーを減らすこと，および親と子どもに十分なサポートを提供し潜在能力を高めることのいずれもが必要不可欠であると述べる．子どもの成果の中でも最も親の影響を受けやすいもの，特に子どもの認知スキル，社会的，情動的スキルに焦点を絞っている．これは彼/彼女らが子ども，若者，そして大人であるときのライフチャンス[2]を形作るものである．したがってわれ

---

　1〕　**アウトカム**（outcome）とは，主に政策や実験による正と負の結果や状態を指す．本書では文脈により成果などの訳語を用いている．また，原著で用いられている**ペアレンティング**（parenting）という単語は親　業とも呼ばれ，しつけに近い親なりの子育てを指す．本書では基本的に「子育て」と訳すが，文脈に応じて第2章の一部では「親業」という訳も用いている．

　2〕　本書では，家族および公共政策を通じて経済的な保障があること，自らのもつ能力を発揮する機会や選択肢が与えられること，また良好な人間関係を築き肉体的・精神的に豊かな人生を歩むこと，そしてそれが安全/安心な子ども期から始まることが重

われは，親を対象としているが，保育[3]のように子どもの潜在能力を改善し，同時に親へのプレッシャーを減らすとみなしうる政策を主にみていく．貧困というレンズに焦点を当てているのはそれが子どもの長期的な成果と強い相関関係にあるためだが，われわれは貧困の影響力やリスクがすべての社会階級に存在しうることを認めている．社会政策のうち，親や家族と貧困に関する分野は 1945 年以降，従来とは大きく異なるものに変化した．われわれは特に直近の 20 年間に焦点を絞り，変化する社会経済／人口構造面の動向，国民の意識，行動，1997 年の新労働党（ニューレーバー）の誕生からブレグジットに悩まされる 2018 年の保守党政権に至る政府の特徴についてレビューを行う．以下では，なぜ冒頭で述べた 3 つのイシューが大切なのかを考えていく．

## 1. 親

　著名な児童心理学者のマイケル・ラター卿はかつて，いま成長過程にある子どもにどのようなアドバイスをするか尋ねられ，こう答えた．「自分の親を賢明に選びなさい」[1]．子どもの成果に対し，母親・父親の役割がもつ重要性はいくら誇張してもしすぎることはない．間違いなく学校は差異をもたらしうるし，実際にもたらしている．また子ども自身の個人的特徴も成果に影響を与える．つまり，遺伝素因，幼いころの環境，近しい血縁者を超えた幅広い支援システムのすべてが，子どもの成果にとって大切である．しかしながら，最も重要なのは母親と父親の行いである．「善き親」となるための素質は，大人になってからの経済的，社会的状況に加え，自らの子ども期の経

---

　　視されており，**ライフチャンス**（life chances）という言葉もその文脈で用いられている．なお乳幼児期の経験や環境が強調されるが，そこで人生の全てが決まるわけではなく，現金給付を含め長きにわたる支援が重要という立場である．

3）　childcare は**保育**という訳語を用いているが，時に幼児教育を含む場合がある．親などによるケアを含む場合や，政府の文書，税額控除等に関連して用いられる場合は，チャイルドケアと表記した．なおイギリスではニューレーバーのときから政府文書で，普遍的な幼児教育を「チャイルドケア」と呼ぶ場合もある．明確に幼児教育のみを指す場合は，幼児教育と訳出した．

験に影響を受ける．本書を通じて論じる通り，貧困は，子どもの健全なスタートに必要なものを提供する実践的な能力だけでなく，何とか暮らしていくために費やす活力にも非常に深刻な影響を与える．うまく 2 歳の子にかんしゃくを起こさせないようにするスキルや技術は非常に重要かもしれないが，家賃の支払いや新しい制服の購入，あるいは修学旅行費の支払いに多大な懸念を抱くあまり，親がそうした適切なスキルを身に付ける能力には限界があるかもしれない．十分な所得は基礎的な生活水準をもたらすだけでなく，選択と行為主体性（選択する力）を促進する．マイケル・マーモットの先駆的な研究（Marmot et al, 1991）が示したように，仕事や日々の生活においてコントロールと選択の水準の低さが目立つ人々には，長期的な健康上の影響がみられる．行為主体性は個人や家族が将来の計画を立て，いまこの場を超えた選択肢を考えることを可能にする．それは，短期的にみれば犠牲を，しかし長期的には安全/安心をもたらすかもしれない決定を下す力を人々に与える．マーモットの研究では，そうした行為主体性が，より長いあいだ健康である見込みに加え，平均寿命とも相関関係をもつことが分かった．金銭の少ない親は，よく考えたうえでの決定を日ごろから下しているかもしれないが，その選択が長期的にはアウトカムの不良をもたらすこともありうる．健康に良い食べ物という選択肢を子どもに与えれば，安価でない食材が無駄になり，その場で子どもは空腹のまま不機嫌になる可能性がある．それに比べ，たとえ体によくないことを知っていようとも，子どもは食べると分かっているものを与えるほうがこちらとしても楽である．

　従来よりも親への注目が高まり，親が子どもと一緒に何をするのか，また子どものために何をするのかが一段と強調されるようになった結果，母親や仕事をしている女性の役割と，変わりゆく父親の役割に関するジェンダーの議論は覆い隠されてしまった．明らかに父親を念頭にしたものを除き，子育て（ペアレンティング）の改善を目的としてこの 20 年間に現れた多岐にわたるプログラムに参加してきたのは，そのほとんどが母親である．直近 20 年の政権は，子育てがいかに良い成果，あるいはアウトカム不良にとって決定的であるかを

認めるようになり，家族支援への投資に加え，強固な語<sup>ナラティブ</sup>りを進展させた．
その主たる根拠は，特にまだ子どもが幼い時に親の潜在能力を向上させてお
けば，子どもは就学年齢およびそれ以降において，よりお金がかかる改善サ
ービスを必要とはしなくなるだろうという点にあった．そうした支援の多く
は，とりわけ貧困状態にある母親に向けたものだった．そこでの見込みとは，
正しいスタートがあれば，貧困のなかで育つ子どもは，より高い社会階層へ
の移動が可能になり，学校でうまくやり，稼ぎのよい職に就き，健康な子ど
もを育むことができるというものだった．こうした主張がこの 20 年間の家
族政策の議論に織り込まれてきた．

## 2. 貧困

貧困はエリザベス救貧法以来，公の場で議論される主たるテーマとなって
きた．われわれの観点からみて興味深いのは，アメリカにおける 1960 年代
のリンドン・ジョンソン大統領の「貧困との戦い」である．ジョンソンのア
プローチは，ニューレーバーのブレアとブラウンのアプローチで模倣されて
おり，ニューレーバーのアジェンダにおける「アメリカからイギリスへ」と
いう社会政策の強い影響を反映している．ジョンソン大統領は，改良を行っ
た給付や所得移転と，同じく改良を行った公共サービスを組み合わせた．貧
困状態にある未就学児の就学準備の改善を主たる目的としたプログラムであ
る，ヘッド・スタートが作られたのはまさにジョンソン政権時であった．ニ
ューレーバーのように，多くのジョンソン改革は骨抜きにされたが，ヘッ
ド・スタートへの熱意は失われなかった．イギリス労働党改革もまた，特に
所得格差による貧困の削減に着目したものは骨抜きにされ，ヘッド・スター
トに似た目的を有する，幼い子どもがいる世帯への労働党の旗艦的プログラ
ムであるシュア・スタートもかなり貧弱なものになった．しかし保育・幼児
教育の基礎となるものはワーク・ライフ・バランス政策とともに生き残り，
しかも拡大された．アメリカ・イギリス両国とも幼い子をもつ家族に対し明

示的に，ただし彼らだけに限定されるわけではない反貧困戦略を追い求めた．その根拠とは，貧困が子どもにダメージを与え，子どものアウトカムの不良が世代間の不利をもたらし，それが経済を枯渇させるというものであり，今もそうだとされ続けている．所得移転と雇用政策を通じた貧困の削減，あるいは子どもに対する貧困の影響を緩和するサービスの提供がこの 20 年間の政府の政策の主たる特徴であった．事実，本書で介入の例として取り上げるアメリカのペリー就学前プログラムなどは，金額に見合った価値があること（バリュー・フォー・マネー）を論証したものとして大きな牽引力を有してきた．貧困下にある幼い子どもへのサービスの投資は，長期的にみて補償サービスの費用を節約し，そうした子どもが生産的で納税を行う成人に育つ良い機会というリターンをもたらす．1997 年には，子どもの貧困と年金受給者の貧困のいずれもが非常に高いレベルにあった．両方のグループとも，救済に値する貧民とみなされた．すでに述べたように，子どもの貧困への配慮は将来への投資としてみられるのみならず，道徳的にも絶対視された．ゴードン・ブラウン首相は，子どもの貧困を「イギリスの魂の傷跡」と表現した[2]．貧困下にある年金受給者への配慮は，公正の議論であった．彼らは労働者生活を通じて，働き，納税と社会保険料拠出に貢献してきた．だから高齢期の保障に値するのだとされた．政治的プラグマティズムもその一因であった．これはつまり，年金受給年齢の人々は投票に行く可能性が高いということを意味している．

　ごく最近まで，不平等について語ることなく貧困が議論されてきた．不平等は，社会経済的グループや所得グループで最も高いものと最も低いものとの間にある格差を説明するとともに，それが社会階層間でみた一連の社会的成果にいかなる影響を与えるかを説明するものである．低所得世帯の子どもとそれ以外の子どもを比べると，多くの子どもが良好な状態であるか否かのカットオフポイントの存在が示唆される．所得や社会階級，子どもの成果に関するデータは，より微妙な差異を物語っている．**社会階級の数量的尺度化**（Wilkinson and Marmot, 2003）は，健康，教育，社会的ウェルビーイングおよびその他という，ほぼすべてのアウトカムについて，第 1 五分位（たと

えば人口を所得で5つに分けたとき，その値が一番低いグループに属する人々）が最も不良で，第2五分位は第1五分位よりわずかに良いが，第3五分位よりもわずかに不良といったことを示している．これは必要（ニード）が最貧困層20%だけにみられるのではなく，人口全体にわたることを意味する．アウトカムが不良になるオッズは，最貧困層が一番高く，最富裕層は最も低い．こうしたオッズはまた，失業や貧弱な住居，成人のメンタルヘルスの問題ないし家族内の障害のあるメンバーといった，家族に関する他の要素にも影響を受ける．これが重要な訳は2つある．まず，もし貧困下にある子どもだけがリスクに直面していると想定されれば，多くの家族は自分たちにとって必要な支援が受けられなくなるかもしれない．これはまた，恥辱感や，貧困状態にある家族のステレオタイプ化（スティグマ）にもつながる．多くの貧困家庭は一連の複雑で根深い問題を抱えているわけではない．深刻で人生を一変させる問題を抱えた子を育てる裕福な家族もある．貧困は，アウトカム不良のリスクを増幅させる．したがって貧困の削減は，それ自体，アウトカム不良をもたらす割合の低下につながる．問題の分布は，すべての社会階級五分位間で重みづけされているが，回復力（レジリエンス）だけでなくリスクもすべてのグループでみられる．

## 3. 家族政策と国家

**家族政策**とは何を意味するのだろうか．また1997年以降の各政権は，家族に対する自らの責任を果たせるよう，どのような調整や改善を加えてきたのだろうか．家族政策は，社会政策と経済政策の両方にわたる広い領域である．結婚に対する租税インセンティブ，児童手当の金額，生産年齢の独身の者よりも子育て中の家族を優先する地域住宅政策に加え，母親，父親および子育てをする者の育児休業に関する労働法がそれに含まれる．とりわけ家族政策のなかで発展してきたのは，親および親の責任に関連する政策である．たとえば，親は必ず子どもを学校に行かせ，適切な時期に子どもが予防接種を受けられるようにせねばならない．親は基礎レベルのケアを行うことが法

で義務付けられ，その水準を満たしていないとネグレクトという点で有罪とされうる．こうした責任は，母親と父親が，より善い**子育てという仕事**をこなせるよう意図された介入主義的政策とは異なる．介入主義的政策には，例えば赤ちゃんに本を読んだり歌を歌ったり，図書館に連れて行ったり，宿題をしているか尋ねるといった，親が子どもに関与することを促す普遍的なサービスや，対象を絞ったサービスが含まれる．第2章で述べるように，こうしたアドバイスは過保護国家を避けたい政治家にとって危険を孕んだものである．換言すれば，国家は何でもできると信じる政治家にとってみれば，これは大いに喜ばしいものになりうる．子育てに関するアドバイスは，影響力のある文化的規範や宗教的習慣との間で軋轢を生みだしかねない．性別役割や体罰，および同性愛への態度は，すべて文化的アイデンティティに深く根差したものである．こうした問題に関する民衆の態度は，この20年で劇的に変化した一方，グループ間での深い分裂も露わになった．研究を通じ，子どもにとって最善だと示された内容と，親が自ら適切と考える方法で育て上げる権利の保護との間で指針を示すのは難しい道のりとなりうる．

　実質的には，すべての政治家は，社会を善いものへ変えるためにその職に就いたといえる．市民の生活を改善すること，あるいは，実際に人々が自らの生活を改善しうる諸条件を作り出すことは，すべての政党にみられる重要な原動力である．多くの場合，右派ないし左派の政党間で，こうした非常に大きな目標についての差はほとんどない．しかし，その目標を達成するために必要な政策を特徴づける，根底にあるイデオロギーの差は非常に大きい．誰も，強い経済が多くの人々にとってよくないとはいわないだろう．だが強い経済を達成するために市場への規制を厳しくするか緩和するかについては議論が紛糾するだろう．国家全体に加え，個人の生活を改善するうえで良質な教育が大切な役割を担うということに議論の余地はほとんどない．しかし，如何にしてすべての者に十分な教育を保証するかについては激しい議論が続いている．具体的には，グラマースクールないしコンプリヘンシブスクールか，あるいは私教育への税制優遇措置を削減するのか，ほかにも，貧困度の

高い子どもがエリートと一緒に教育を受けられる奨学金を設けるのか，といった具合である．さらに公共政策は中央政府に関するものだけではない．他にも重要なアクター，つまり地方政府，市長，ボランタリー部門，民間部門や市民自身もこれに関わっている．地方政府は中央政府から十分な財源の裏付けなしに，課された政策を実施せよという難題を押し付けられることも少なくない．これは地域のアクターが地域住民にとって，より大切と信じる任意のサービスを減少させるかもしれない．ボランタリー部門は，サービスの提供と特定の利益集団の権利擁護において効果的な役割を果たしている．民間部門は，雇用主として関わり，雇用権や生活賃金，育児休業について影響力を持つ役割を担っている．それと同時に，以前にも増して，社会サービスや子育てプログラムを含むサービス供給者としても大きく関わっている．

　各政党は，貧困と不平等に関する国家の役割の性質について，とりわけイデオロギーの面で衝突してきた．最も直近の労働党政権は，成果の平等から機会の平等へと強調をシフトさせた．労働党は，依存文化という考えに取り組みつつ，貧困を削減し社 会 移 動[4]を改善させることに深く関与した．労働党はハンドアウト（ただ与えること）ではなく，ハンドアップ（自主的に手を上げること）を望んでいた．つまり福祉権は責任とセットであると考えていた．2010 年以降の連立政権および保守党政権は，政策目標の１つとして貧困の削減から離れ，社会移動のみに注力することを選んだ．労働党と同じく連立および保守党政権も，子どもが生まれた時点の親の社会経済的地位（SES：socio-economic status）が，将来，大人へと成長した際に成功を収める決定要素の１つになってはいけないと論じた．ただし，支援を受けるに値する者たちと自助しない者たちは明確に対比されてきた．よく知られているように，ジョージ・オズボーン首相（当時）は**努力する者は助けるが，怠け者は助けない**と述べ，福祉に対する政治的レトリックを先鋭化させた．しかしながら，本人の社会的背景を所与として，期待されうる成果よりも低い

---

[4] 社会階層間の移動性を指す．

水準に留まる子どもも必ず出てくるという，世代間の社会移動の見通しについて進んで発言する政党はどこにもない．相対的な階層移動でみれば，トップになるスペースは必要だが，ある者は地位および所得の点で下にまわらなければならないだろう．ギャリソン・キーラーはミネソタにある仮想の街レイク・ウォビゴンについて，彼の素晴らしいラジオ放送でこの皮肉を言い表していた．レイク・ウォビゴンでは「すべての女性はたくましく，すべての男性は見た目がよく，そしてすべての子どもたちは平均以上である」(Keillor, 1974)，と．

　貧困，貧弱な住居，低賃金に関する体系的問題は，人によっては子どもの成果とは無関係とみられてきた．すなわち，問題なのは親の行動や習慣に過ぎないとされた．政治家やコメンテーターの中には，どの親も必死に頑張りさえすれば，生産的で幸せな子どもを生み出せると信じるに至った者がいる．これは，努力をしようとすらしない親がいることを意味している．本書で説明する研究の多くは「金銭と（元々の）家庭資源が子どもの成果にとってさしたる問題ではない」という神話を払いのける．ただし，それに留まらない個人的な要素や環境に関わる要素もまた重要である．

## 4. プレッシャーの削減と潜在能力の向上

　家族を支えるうえで公共政策は2つの主要な役割を果たすというのが本書の前提となっている．それはすなわち，**プレッシャーの削減**と**潜在能力の向上**である[3]．プレッシャーの削減には，以下の内容が含まれる．

- 所得を増加させるための財政および雇用政策
- 家族間の所得格差をならし，ライフコース（プレッシャーが増えるときも，減るときもある）を通じて支援を行う給付システム
- 家族が，その類型に応じてどのような種類の財政移転を受け取るのかに関する判断

- 親たちが子どもと一緒に過ごすことができるワーク・ライフ・バランス

　直接的な所得移転を伴わないが，仕事に就くための費用やリスクを下げることでプレッシャーを削減する政策もある．例としては，補助金付きないし無料での保育や，育児休業後に休職前と同程度のレベルの仕事に復帰する権利がそれに含まれる．また十分な質を備えた保育は，親というよりは子どもの潜在能力を高めるサービスとしてみることも可能である．潜在能力の向上を意図した他の政策としては，親へのアドバイス・サービスや支援，提供者が比較的リードしながら進められるプログラム，情報を提供する巡回保健や助産サービス，そして能力開発の提供がある．中央・地方政府，ボランタリー部門と民間部門により供給される多くのサービスは，プレッシャーを減らし，かつ潜在能力の向上を可能にする．本書を通じてわれわれは家族に関わる様々な政策や介入を説明するためにこの枠組みを用いる．

## 5.　おわりに

　この領域は多岐にわたり，また複雑なため，コンパクトな本書ですべてをカバーすることは望みようもない．スコットランド，ウェールズおよび北アイルランド，ないし地域差については，それ自体で1冊の本が必要になるものであり，われわれはカバーしていない．またこの20年にわたる積極的な国家介入の一分野である教育政策についても詳細をみていくことはしない．それは主に紙幅上の問題のためだが，それだけでなく，その政策の多くが親にほとんど関係なく作られてきたためでもある．第4章で述べるように，子どもと家族を支えるサービスの最もラディカルな再構築を行った，すべての子どもの平等保証（ECM：Every Child Matters）には学校政策は含まれていなかった．われわれはまた，障害や人種，民族性，ジェンダーといった平等に関わる特定の問題についての議論の取り扱いも限定的である．これらは明らかに貧困や子育ての議論と強く関連するものであり，もしわれわれの行う

分析や取り上げる事例が，諸グループの直面する特定の問題の一部を解説することになればさいわいである．家庭司法政策もまた簡潔に述べるに留まるが，これもそうした複雑な分野を説明する紙幅がないためである．

　本書を通じて，低所得の家族のもとに生まれた子どもの成果を改善するために金銭は必要不可欠だが，それだけでは不十分だと述べる．第4章で述べる2010年子どもの貧困対策法に対するその後（2015年）の改変が，本書を執筆するに至った原動力である．われわれはまた，親や子どもに対する高品質の支援サービスが力を発揮し得ると述べる．もし貧困が子どもの成長・発達や能力の獲得の不良の主たる要因であるならば，われわれは所得移転にのみ注意を払うべきだろうか．もし子育て（ペアレンティング）を改善するサービスが貧困のインパクトを改められるのなら，われわれはより多く，より良いサービスを提供することだけが必要なのだろうか．金銭とサービスという2つのアプローチのバランスを取ることは極めて難しい．

　本書の第2章では，この20年間の家族政策の状況を説明する．具体的には，社会経済的変化，人口構成や国民の意識の変化，そして親と子育てに関するわれわれの見解の変遷についてである．第3章では，成人期の生活でプラスないしマイナスの機会を予期させる社会経済的要素・家族の要素がもつ役割と，何がよき子ども期をもたらすのかに関するエビデンスを検討する．第4章では家族と貧困に関わる政府の政策について，とりわけ2008年の金融危機の後から連立および保守党政権に至る部分を詳細にレビューする．第5章では，いくつかの主たる政策の効果について分析する．つまり何がうまくいき何がうまくいかなかったか，ということと，なぜある戦略は他の戦略よりも効果的に見えたのかについてみていく．第6章では，ここまででわれわれが得た知見の概要と，分野横断的なテーマの分析，そして未来に向けて欠かせないことについての分析を行う．政府の役割とは何であろうか．最も実りある介入ができる，あるいは介入がうまくいかないと思われるのはどの分野だろうか．

**注**

1  以下を参照．www.eif.org.uk／blog／choose-your-parents-wisely／
2  以下を参照．http://news.bbc.co.uk／1／hi／uk_politics／394115.stm
3  家族政策をみる際の，この枠組みを言い表す明確な表現を示してくれた，アクセ
ル・ハイトミュラー（Axel Heitmueller）氏に感謝申し上げる．

# 第**2**章
# 変わるイデオロギー，人口構成と意識

　本章では直近 20 年にわたり発展してきた，貧困，家族，子育てに関する公共政策の状況について述べていく．ここでは当該期間の家族に関連するイデオロギーや主たる社会経済情勢の変化，そして国民の意識の変遷を検討し，なぜそれらが家族政策にとって重要なのかを考察する．われわれが注目する社会経済情勢には，経済成長，家族の類型，親の雇用形態，住宅の所有形態と費用，そしてイギリスの人口の多様性が含まれる．こうした領域を選んだのは，それらがとりわけ低所得家族の生活の主たる変化を示すからである．それらはまた，政策措置が講じられた根拠を正しく理解するための背景を示してくれる．本章の最後ではこうした背景が，親の役割と，それ自体が 1 つの概念となった**ペアレンティング**の出現にどのような影響を与えたかを検討する．

## 1. 変化するイデオロギー

　家族政策は，母親や父親たちの行動に影響を与えることを試み，対応しながら数百年にわたり発展してきた．国家は，結婚，離婚，出生率や親の責任といった問題を取り扱ってきた．しかしながら歴史的には，子どもに深刻な危険が迫っていない限り，国家は家族内の行動に直接介入することに消極的であった．1997 年は，まさに家族生活面での公共政策の役割が大きく変化する起点となった．

　ベヴァリッジ型戦後福祉国家は，家族と出生率のいずれの経済的測面とも

関わりがあった．それは国民保健サービス（NHS，税を財源とする医療制度），税財源の児童手当および完全雇用への深い関与に下支えされた社会保険システムを生み出した．また家族の飢えを防ぎ，彼/彼女らへのセーフティネットの保証をもたらした．女性の役割に関する伝統的な見解がベヴァリッジのビジョンでは示されており，それは第二次世界大戦時に女性がとても積極的な役割を担ったのち，既婚女性は主婦として家に戻るだろうし，そうするべきだ，ということを想定するものであった．また，これとともに懸念されたのが出生率の低下であった．彼の言葉でいえば，母親たちは「イギリス民族（中略）を十分に持続発展させる上で，重要な働き」（Cmd 6404, 1942〔ベヴァリッジ，2014〕）を成し遂げてきたのである．彼は結婚と出産へのインセンティブを提案し，そのうち結婚手当は実施されなかったが，出産手当や定額給付が，寡婦給付や家族手当とともに導入され，現在のわれわれの福祉国家の基礎となった（Timmins, 1996）．

　すべての主たる政党は，妻が2人の子を育て，その支えをうけながら男性が稼ぎ手になるという核家族の戦後モデルを受け入れていた（Kamerman and Kahn, 1997）．核家族の伝統的解釈とともに存在していたのが，経済的厚生を除き，家族生活における国家の役割は，深刻な虐待のリスクから子どもを守ることに限られるという想定であった．過保護国家の恐怖は，政治的スペクトルを超えて共通のものであった．リバタリアン的右派は，私生活全般に関わる国家のコントロールを制限する，個人自由アプローチを採用した．左派の側には，世代を通じて互いに助け合う家族のメンバーやコミュニティがもつ重要な役割が，家族への介入により破壊されうることへの懸念があった．ただし右派・左派のいずれにおいても，なかには，より介入主義的な姿勢を貫いてきた党派が存在してきた．具体的にいうと，それらは母乳育児の勧めから少年犯罪の予防まで，母親や父親に何をなすべきかを教えたがっている者たちである．アドバイスは，子どもにとっての最善を成し遂げることから，最悪を回避する方法まで多岐にわたる．本書では多くの紙幅を割き，アドバイスが，所得移転や各種サービス，特定の介入，そして時には法制化

という形で，財政的支援を通じ実施される公共政策に変わることが増えてきた様子を述べる．そうした政策変化は，かなりのタイムラグを伴う場合が多いものの，家族構造のさらなる社会的変化に対する応答であった．われわれが本書で考察する政策変化とは，家族へのプレッシャーの削減ないし親の潜在能力の向上を目的とするものである．両方の点で，うまくやっているものもあれば，いずれもできていないものもある．

## 2.　変わる社会経済情勢

### 好景気と不況

　家族政策の充実・衰退が起こる背景として重要なのは，経済の状態である．直近 20 年の間に，われわれはまず 1990 年代半ばの保守党ジョン・メージャー政権下で始まり，労働党政権下の 2008 年に至るまで長期にわたる成長を目の当たりにした．その成長に終わりを告げた 2008 年のグローバル金融危機は，1930 年代以来最大規模のものであった．その後の景気後退は（労働党政権であった）2008 年から 2010 年の間は公共投資によって緩和された．次の 2010 年の連立政権では公的支出の大幅削減を伴う緊縮財政がとられ，その後の保守党政権でもそれは継続された．図 2.1 は当該期間の 1 人あたりの平均国内総生産（GDP）の増加と減少を示している．2009 年には前年度と比べ，1 人あたり GDP が一度に 4.9% 減少したことが分かる．賃金の中央値が取り上げられるようになってから，これと同じ期間に，実質総賃金の中央値は，金融危機へ至るまでは急速に上昇したが，その後は大きく低下し，つい最近まで停滞していたことが分かっている（Social Mobility Commission, 2017）．経済は，政策を突き動かすとともに政策に応答する．つまり金融危機にどう対処するのか，また公的支出の削減について（および，どこまでその支出カットを重視するかについて）の決定は政治的選択であり，それは当該期間の家族や子どもたちにとって重要な意味合いを持ってきた．われわれは第 4 章および第 5 章で，これらの決定が家族政策および家族自身に与えた

図 **2.1** 1 人あたり GDP（平均）対前年比成長率（％）　CVM・季節調整
済（1992-2018 年）

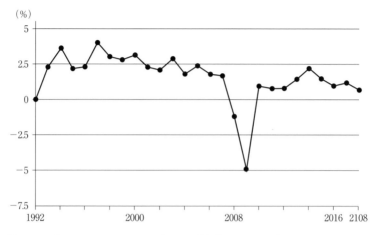

注：CVM（chained volume measure）とは，「実質 GDP」の尺度を示すためインフレ
　　の効果を調整した一連の GDP 統計を指す.
出典：ONS（2019），最新データは以下の URL より参照できる.
　　　https://www.ons.gov.uk/economy/grossdomesticproductgdp/timeseries/n3y6/
　　　pn2

影響について考察する.

### 変わる家族

　第二次世界大戦後以降，家族のパターンは劇的に変化した．シビル・パー
トナーシップ法の施行や同性結婚の導入に加え，離婚率や再婚率の上昇，ひ
とり親，同棲の増加は，家族形態に大いなる多様性をもたらした．政策に加
え，国民の意識が変化したことで，ゲイやレズビアンのカップルが子どもを
育てたり，養子を迎え入れたり，あるいは遺伝的つながりのある子どもを持
つことが容易になった．この多様性は，親たちが自分なりの方法で家族を育
み，自らのセクシュアリティを表明する際の，さらなる自由と選択の存在を
反映している．第 4 章でみるように家族政策はこの新しい多様性に応じて変
化しているが，とりわけ貧困のリスクに直面する家族については今も課題が

残っている．

　この20年の傾向をみると，子育て既婚カップル家族の割合は減少しているが，同棲カップルの割合は2倍になった[1]．一方，ひとり親家庭の割合は，この期間を通じて全家族の22%という値で安定している．

　こうした傾向は，家族の貧困のリスク，および親が自らの役割を果たす状況に関し示唆を与えてくれる．ある家族類型，特にひとり親家庭は貧困のリスクが高い．離別と離婚は貧困の引き金になりうる．具体的には，離別により2世帯への分離が求められると，分離後の1世帯での家族のやりくりは，所得の急な減少に苦しむ傾向にある（De Vaus et al, 2015）．ひとり親（その10人のうち9人は女性である）が貧困に陥る割合は子育てカップルの2倍である．有償労働に就く割合も低く，ひとり親で前のパートナーから養育費を受け取っているのはわずか38%に留まる（Maplethorpe et al, 2010）．ひとり親はまた，障害をもつ人と一緒にいる傾向にあり，その割合はふたり親だと18%だが，ひとり親では22%となっている（ONS, 2013）．ひとり親であることは貧困のリスクを高めるだけでなく，1人で子育てするか，あるいは別居しているもう一方の親と分担して面倒をみるという困難をもたらす．要約すると，ひとり親は，低所得，仕事の見込みの低さ，および自分たちに追加される生活面でのプレッシャーを十分に考慮できていない政策という3つの縛りに直面する（Nieuwenhuis and Maldonado, 2018）．

　子育て同棲カップルもまた貧困のリスクが高い．というのも，彼/彼女らは全般的に若く，同世代の既婚者より平均所得が低いからである．これらの要素のいずれもが，カップルの不安定さと相関があり，したがって未婚の母の増加につながる[2]．すべての親のごく一部である10代の親は，他のグループより貧困に陥る可能性が高い．1997年の時点では，イギリスは他の多くのヨーロッパ諸国と比べ10代の母親の割合が高かった．しかしその値は今や急速に低下した．これは1999年に始まった野心的な長期戦略の成果である．具体的には，ターゲットを絞った介入，あらゆる地域での優れた先導的戦略と，十分な財源を伴うユースサービス[1)]が含まれていた．さらなる教育，

より利用しやすい確かな避妊法，そして社会規範の変化の結果として世界的に10代の妊娠が低下していることと，イギリスでのこうした努力の成果は，軌を一にしている（Wellings et al, 2016）．

　この20年で変化した家族生活のもう1つの特徴は，今や20歳から34歳の若年成人の4人に1人が未だ親と同居していることである．その値は1996年の270万人（この年齢グループの21%）から，2017年には340万人（同26%）に伸びている（ONS, 2017）．この変化は，家の購入費用や家賃の上昇に加え，若者が教育を受ける期間が伸びたこと，きちんとした関係になるのを先送りすることや，より歳を経てから子をもつことと関連があるかもしれない．独立への移行の先送りがもつ政策上の意味合いについては第6章で検討する．

　家族生活は動態的であり，ライフコースを通じて変化する．シングルマザーは多くの場合，新しい人間関係を築き始める．親の離別や離婚における変動は，比較的新しい現象，つまり**混合家族**をもたらした．これは母親および/ないし父親が，以前の人間関係からの子どもを連れてきた家族を指す．彼/彼女らはまた，別の子どもを育て，「彼の，彼女の，そしてわたしたちの」子どもがいる家族を作り出すかもしれない．この類型は，子育てする同性カップルに，より一層当てはまる．子どもを含め，混合家族に関わる個々人が，一連の複雑な人間関係のなかうまくやっていくのが難しい可能性はある．エビデンスによれば混合家族に加え，離婚，離別家族のいずれにおいても，産みの親との継続的な面会が子どもにとって保護要因になるという．しかし，そうした面会の準備は感情面と実践面の両方で困難になり得る．離別や離婚をする際，増加傾向にあるゲイやレズビアンの親たちは新しい問題点へと導かれてしまう可能性があるのだ．母親がいなかったり，母親が2人いれば，居所や面会の決定について，もはやそのデフォルトが母親ではなくなる．今日生まれた子どものほぼ2人に1人は，大人になるまでに自分の親の

---

1〕　若者の成長を主に教育的側面からカバーする公的機関．

離別を経験するだろうと推察されている（Haux et al, 2015）.

　家族とは，親どうしの関係ないし親子関係だけの話ではない．それはまた，きょうだい同士の関係や拡大家族のメンバーとも関連がある．きょうだい間や拡大家族との強固な関係は，とりわけ家族の変化や崩壊の際に重要な支えの源になり得る．家族政策は，現代の家族生活の動態的な性質に後れを取ってはならない．生活環境や1世帯における子どもと親の人数の変化は，すべて給付やサービスの受給資格に影響を与える．第3章ではこうした変化が子どもにもたらしうる影響について，より十分な議論を行う．また第4章では，現代の家族生活に対応する必要性を考慮して行われた，政策面の変化を取り上げる．

### 変化する雇用形態と貧困

　強力な社会的勢力としてのジェンダー平等の出現と，離婚，離別，未婚の母の増加は，その両方が労働市場に参入する女性の数に大きなインパクトを与えてきた．サービス部門では，低賃金かつ多くの場合パートタイムの労働が増え，労働市場の性質も変化した．パートタイムを好むような女性にとっては，より多くの就業の機会が生まれたが，結果的に，その就業形態だと賃金は長期的にみてフラットなままであり，インフレに応じて上がることはなかった．1人のフルタイム分の賃金で子育て家庭を十分養えるという戦後の想定はもはや存在しない．1990年代を通じ，家族間での労働の分布状況は，共働き家庭と無職の家庭というさらなる二極化へと向かった（Gregg and Wadsworth, 1999）．これにより，とりわけシングルマザー世帯の子どもの貧困率は上昇し，労働党政府下の政策は，母親と父親の両方が雇用に就くことを促す，さらなる介入主義的アプローチへと推し進められた．表2.1は過去20年での雇用率の上昇を示しており，とりわけ16歳以下の子を育てるひとり親の雇用率は，1996/97年に45％だったのが，2016/17年には68％まで上昇している．

　2017年には男女ともに高い雇用率を記録しているが，職に就くことは，

**表 2.1** 16 歳までの子を育てる母親・父親の雇用率
（1997-2016 年）

|  | 1996/97 | 2016/17 |
|---|---|---|
| カップル（既婚ないし同棲）家庭の父親 | 88% | 92% |
| カップル（既婚ないし同棲）家庭の母親 | 68% | 74% |
| ひとり親 | 45% | 68% |

出典：https://www.ons.gov.uk/employmentandlabourmarket/
peopleinwork/employmentandemployeetypes/datasets/
workingandworklesshouseholdstablepemploymentrate
sofpeoplebyparentalstatus

もはや貧困からの脱出を保証しない．無職世帯の子どもの貧困リスクが高い
のは確かだが，いまや貧困状態で暮らす子どもの多くは，少なくとも 1 人の
大人が就業している世帯に属している．その背景の 1 つとして，近年におけ
る失業の大幅な減少がある．なお無職家庭の子どもは勤労家庭の子どもより
も慢性的貧困に陥る可能性が高い（Social Metrics Commission, 2018）．こ
こで貧困とは，住居費控除後の，その時点での所得の中央値の 60% 未満で
暮らすことと定義する．それは 1996/97 年から 2017/18 年の期間をカバーす
る，唯一の利用可能な貧困の相対的尺度である（貧困を測定する，社会的測
量基準委員会のアプローチに関する議論は，第 5 章を参照のこと）．表 2.2 は，
1996/97 年に貧困下にある子どもの 56% は無職の家庭に属しており，44%
は少なくとも 1 人の大人が就業する家庭に属していたことを示している．そ
れが 2017/18 年になると，貧困にある子どもの 30% のみが無職家庭に属し
ており，貧困下にある子どもの 3 分の 2 以上（70%）は，少なくとも 1 人の
大人が働く家庭に属しているのである．インフレのペースに賃金が追いつか
ず，低くみられがちなパート労働および/ないし不安定な労働が増えたこと
が，勤労世帯の貧困の顕著な増加につながった．ゼロ時間契約，頻繁に変化
するシフト形態，週によって変動する所得のために，家族は不十分な所得し
か手にできず，家計のやりくりの基礎にもならなくなった．低賃金に補助を
出す手厚い税額控除は，2000 年代初頭の子育て家族の貧困を，雇用によっ
て確実に減らすことに大きく寄与した．2010 年以降の税額控除の減額は，

**表 2.2**　住居費控除後の勤労世帯および無職世帯に暮
らす貧困下にある子どもの割合

| | 1996/97 | 2017/18 |
|---|---|---|
| **子どもが貧困下にある家族すべての就労状況** | | |
| 少なくとも 1 人は就労している | 44% | 70% |
| 全員が無職 | 56% | 30% |
| **貧困下にある子がカップル（既婚ないし同棲）家庭に属する割合（就労状況別）** | | |
| 自営業 | 11% | 13% |
| 両親ともフルタイム職 | 1% | 4% |
| フルタイム職 1 人とパートタイム職 1 人 | 4% | 9% |
| フルタイム職 1 人のみ | 15% | 19% |
| パートタイム職 1 人ないし 2 人 | 6% | 10% |
| 両親とも無職 | 21% | 10% |
| **貧困下にある子がひとり親家庭に属する割合（就労状況別）** | | |
| フルタイム職 | 2% | 6% |
| パートタイム職 | 5% | 9% |
| 無職 | 35% | 20% |

出典：Data tables, Table 4.3db: 'Composition of low-income
groups of children by various family and household
characteristics, UK'
以下の URL にて参照できる．https://www.gov.uk/gov
ernment/statistics/households-below-average-in
come-199495-to-201718

家族がワーキングプアになるリスクを大きく増大させた（Hick and Lanau,
2019）．これは今後の政策にとって重要な意味合いをもつ．今後の政策では，
失業のみならず，勤労世帯の機会や生活水準をいかに改善するかという点に
注目せねばならない．全般的には，1997 年にはイギリスの子どもの 3 人に 1
人が困窮した生活を送っており，OECD の中で最も子どもの貧困率が高い
国の 1 つであった．2017 年までに，子どもの貧困率は 30% と若干低下した．


**住居**

　さらにまた，（とりわけ貧困な）家族の生活を形作るうえで重要となる変
化の 1 つが，住宅の経済的な入手可能性と保有形態の劇的な移り変わりであ

る．所得に比べ，住居費は急速に上昇してきた．1960年代前半では，平均的な家族の住居費は純所得の6％に過ぎなかった．それが2017年には18％にまで上昇している．民間賃貸部門では，その伸びはさらに大きい．1961年には純所得の9％であったのが，現在では36％に達している（Cortlett and Judge, 2017）．

　マーガレット・サッチャーによって導入された「居住者購入権制度」により，公営住宅の賃借人は，誰よりも先に，自らが住む住宅を割引額で購入できるようになった．この政策は，それまで不可能と考えられた何千もの人々に，住宅を所有する機会を与えた．しかしそれは大きな犠牲を伴った．自らの公営住宅のストックを売却した地方自治体は，その売却金をさらなる公営住宅の建築費に充てることを禁じられたのである．そのため，公営住宅の供給は，1980年代および1990年代の間に飛躍的に減少した．公営住宅のストックの減少と同時に起きたのが，住宅価格の急激な上昇であった．直近20年間にわたって，住宅価格は賃金をはるかに上回るペースで上昇してきた．フラットな賃金により，家を買うために預金を残しておくことはますます難しくなった．2008年の金融危機の際，銀行による多額の貸し付けがその一因として非難された．したがって，その後は住宅ローンの貸し付けが一層厳しくなった．表2.3は世帯別で見た住宅保有形態の劇的な変化を示しており，民間賃貸住宅に住む世帯の割合が今やほぼ倍になっているのがわかる．この民間賃貸部門は，家賃の値上げを突然通知したり，不動産メンテナンスの貧弱さや，度重なる立ち退きで悪名高い．1999/2000年から2012/13年の間に，

表2.3　住宅所有/賃貸形態でみた世帯割合

| 住宅のタイプ | 1997年 | 2017年 |
|---|---|---|
| 持ち家（ローンなし） | 21.1% | 27.0% |
| 持ち家（ローンあり） | 34.1% | 24.3% |
| 地方自治体の低所得者向け公営住宅 | 14.7% | 7.2% |
| 住宅協会（非営利組織による社会住宅) | 3.7% | 6.4% |
| 民間賃貸部門 | 10.6% | 18.4% |

出典：www.resolutionfoundation.org/data/housing/

子育て世帯での民間部門の賃借人の割合は，22％ から 32％ に増加した
（Chartered Institute of Housing and Resolution Foundation, 2014）．Shel-
ter（2013）は，今や全体の5分の1の世帯が民間賃貸住宅に住むと推定し
ている．そうした住宅で暮らす家族は，生活状況のさらなる困窮や，不安定
な暮らしの経験，子どもたちが安定的な学校教育を受けることに影響が及ぶ
リスクが一段と高くなる．民間賃貸部門の住居費の高騰や住宅給付の減額[2]
を考慮すれば，すでに述べたワーキングプアと民間賃貸住宅での生活との間
に強い相関関係があることは驚くに当たらない（Hick and Lanau, 2017）．

　すべてのなかで最も貧困の度合いが高いと考えられるホームレスの家族に
ついては，とりわけ見通しが暗い．扶養児童を抱えた，ホームレスとみなさ
れる世帯の数は 1996 年の 66,290 世帯から 2016 年の 40,540 世帯へと大きく
減ったものの，一貫した減少は 2009 年に止まり，2010 年からは毎年増加し
ている．加えて，1995 年にはホームレスの家族のうち扶養児童がいるのは
66％ であったが，2016 年にはすべてのホームレスの家族の 69％ にまで増加
した[3]．

　最後に，住宅給付の変更は，最貧困家庭にとりわけ大きな打撃を与えた．
家族が請求できる総給付額に対する上限の導入が，非常に家賃の高いイング
ランドの一部に住む家族に極めて大きなプレッシャーを与えたのである[3]．
この上限は，もともと年あたり 26,000 ポンドで導入され，その後，年あた
りおよそ 23,000 ポンドに下げられた．それは家族における子どもの数，あ
るいはそれどころか，ロンドンはまだ高めの金額設定ではあるものの，住居
費用すら考慮していない．広い家を必要とする3人以上の子をもつ家族は，
不相応にこれに苦しめられてきた．

---

2〕　住宅給付は低所得者に対し一定基準のもと政府が支出する家賃補助で，2019 年度
　　予算でも大幅な削減の対象となっていた．
3〕　住宅給付は，後述するユニバーサル・クレジットという制度内の住宅費用加算とな
　　った．またユニバーサル・クレジットへの移行にあわせ，1世帯が受給できる各種給
　　付の総額にベネフィット・ギャップという上限が設定された．

24

## 多様な人口

　家族政策にインパクトを与えてきたもう 1 つの問題が，家族の民族的多様性の進展である．カリブや南アジア，アフリカおよび近年では東欧からの移民が，家族政策の立案，とりわけ家族生活に対する適切で文化的感受性を備えた介入という問題を，より複雑なものにしている．

　1997 年には，エスニック・マイノリティ集団はイングランドとウェールズの人口の約 6% に過ぎず，マイノリティ人口の半数近くはロンドンで生活していた．それが最新の国政調査の数値によると，2011 年には 13% にまで上昇したことが示されている．**人種格差監査**（Cabinet Office, 2017）は，異なるエスニック・マイノリティ集団が今日のイギリスでいかに暮らしているかを詳しく調査している．エスニック集団によって雇用率にかなりの差がある．具体的にみると，失業者は白人イギリス人の場合は 25 人に 1 人だが，黒人やパキスタン人，バングラデシュ人や混血の背景をもつ人の場合，大人の 10 人に 1 人は失業している．パキスタン人やバングラデシュ人の集団は，他の集団より低スキル・低賃金の職に就く割合が高い．結果として，エスニック・マイノリティの背景をもつ子どももまた，貧困状態におかれたり，慢性的な貧困に陥る割合が高い．2016 年の数値では，白人イギリス人の子どもだと 15% が慢性的な貧困状態にあるが，エスニック・マイノリティ集団の子どもだとこの割合は 31% になる[4]．1980 年代までエスニック・マイノリティ世帯は，住宅保有者あるいは民間賃貸居住者の比率が明らかに高かった．21 世紀に入ってからは，白人コミュニティと比べてエスニック・マイノリティ集団のうち住宅保有者は減少傾向にあり，民間賃貸居住者が著しく増えている[5]．またエスニック・マイノリティの家族は，質の低い家や過密状態で暮らす割合が高い．こうした，さらなる貧困のリスクと，複数のエスニック・マイノリティ集団に対する差別は子どもの将来のライフチャンスに深刻な意味合いを与えている．

　教育は，概ね，この 20 年にわたりイギリスの多くのエスニック・マイノリティ集団にとって成功談となっている．2006 年から 2014 年の間に，キー

ステージ4（イギリスの14歳から16歳の子どもを対象とする教育段階）の生徒のうち白人イギリス人の背景をもつ子どもの割合は82％から75％に減少した（Shaw et al, 2016）．ロンドン，バーミンガム，ランカスターを含むマイノリティ集住地域において，この変化はさらに大きかった．1997年およびそれ以前には，マイノリティの子どもの数が多い地域の学校の相当数は，ほとんどあるいは全く英語の話せない多数の子どもたちに悪戦苦闘していた．子どもは英語を話すが，その母親は英語を話さないという場合も多かった．教員や保育・幼児教育労働者は，専門家のアドバイスを受け，子どもの必要〔ニード〕に応じ，その親たちとの連携を要請された一方，言葉の問題に教員たちは当惑していた．しかし，より最近ではロンドンのようなエスニック・マイノリティ集団の住む割合が高い地域において，多くのマイノリティ集団の子どもの学力は白人イギリス人の子どものそれを凌駕している．教育上の成果でみたとき，イングランドで最もパフォーマンスの低い子どもたちは，概して低所得家庭に属する白人の少年たちである．すべてのキーステージにおいて，社会経済的地位でみた学力格差が最も大きいのも白人イギリス人の生徒たちである．白人イギリス人の背景をもち，不利な立場にある若者は，高等教育を受ける見込みが最も小さい．高等教育を受けるべくGCSE（中等教育修了一般資格）を受験する生徒は彼／彼女らの10人に1人である．これに対し，同じく不利な立場にある黒人系カリブ人は10人中3人が，バングラデシュ人は10人中5人が，そして中国人では最貧層の10人のうち7人がGCSEを受けている（Shaw et al, 2016）．意欲的で野心のある親の威光がマイノリティの子どもたちを高パフォーマンスへと駆り立てたというエビデンスがあり，これを補強する別の研究では，親の行動や態度が，優れた教育上の成果の主たる構成要素のひとつであることが示されている[6]．明確な教育面での成功にもかかわらず，エスニック・マイノリティの若者が甘んじる低い雇用率や質の低い仕事は，労働市場でのさらなる差別を指し示している．

　民族性と貧困の交わりは，児童福祉（社会的ケア）にも影響を与えてきた．Bywaters et al. (2017) は，児童福祉システムにおいて，様々なエスニック・

マイノリティや黒人の子どものグループの比率が，白人の子どものグループの比率より明らかに高かったか，もしくは低かったかについて調べている．彼らは，それまでの研究と異なり，はく奪[4]の影響をコントロールする[5]と，黒人やアジア人の子どもが白人の子どもに比べ，児童保護プランの対象になったり[6]，社会的養護下に置かれることは**少ない**点を明らかにした．著者自身は論文で以下のように述べている．「家族形態や子育てに関する粗雑な想定に基づいた，白人，黒人およびアジア人の子どもたちの間での介入率の差の説明には，相異なる社会経済的不利に曝されているという情報を付け加える必要がある」(Bywaters et al. 2017)．エスニック・マイノリティの子どもたちは，経済的に不利な家族のもとにいる可能性が高いため，児童福祉システムの対象となる比率が白人の子どもより明らかに高くなっている．ただし，ひとたび貧困を考慮する（はく奪度の高い地域でみる）と，マイノリティの背景をもつ子どもが児童福祉を受ける比率は白人の子どもの場合よりも明らかに低くなるのである．

　なかには，人種や文化への態度が原因の1つとなり，国家機関による最悪の失敗も生じている．文化の違いに対する認識や，不適切な固定観念が元となり，一部の専門家たちは文化規範についての感情の悪化を恐れ，結果として親を含む保護者への助言をためらってきた．こうした懸念の最たる例が，児童虐待のケースである．そこでは文化の違いに対する，多くの場合誤った想定が原因となり，児童社会サービスやヘルスサービスが虐待の兆候を見逃したことが分かっている．大きな影響を与えた例がヴィクトリア・クリンビ

---

4〕　はく奪 deprivation とは，社会において標準的な生活を享受するための資源を欠いている状態を指す．実際の指標としては，複合はく奪指数（IMD：Indice of Multiple Deprivation）が用いられることがある．これは，小地区ごとの被はく奪情況の複合性を示す標準的測定値であり，2019 年の政府統計では 7 領域の値を加重して計算している．具体的には，所得（22.5%），雇用（22.5%），健康と障害（13.5%），教育と職業訓練（13.5%），犯罪（9.3%），住居と地域サービス（9.3%），生活環境（9.3%）となっている．

5〕　具体的には，最もはく奪度の高い 20% の地域でみる．

6〕　法的な調査の結果，深刻な危害が疑われ支援が必要と判断されることを指す．

エ（Victoria Climbie）の死[7] である（第4章を参照）．諸機関が連携して機能
しておらず，**文化的慣習**に対する決めつけの存在が，彼女の悲劇的な死の原
因として非難された．親を含む保護者の文化に配慮して介入できなかったた
め，非白人の子どもたちは保護のない状態に置かれていた．児童サービスで
のエスニック・マイノリティスタッフの増員が，これらの難点を減らす助け
となっている．

　しかしながら，近年の人種に関する児童虐待のスキャンダルは，被害者は
白人の子ども，そして加害者は主に南アジアの男性という様相を呈している．
こうした子どもたちを保護することができなかった主たる要因は，虐待をし
た男性よりも，むしろ虐待された子ども自身に対する固定観念にあった．被
害者の多くは公的機関による保護を受けてきたか，あるいは，おおよそ十分
な親の監督下にあるとはいえぬ雑然とした世帯で暮らしてきた少女たちであ
った．彼女たちは，とても脆弱であり簡単に口車に乗せられる少女というよ
りも，**自ら生活スタイルを選び取った**行儀の悪い若者たちとみなされた．ま
た，加害者の多くは南アジア出身だったため，的確な介入への抵抗感があっ
たという議論もある．上記以外の分野で刑事司法制度に関与するエスニッ
ク・マイノリティの男性の比率が明らかに高かった点を考慮すれば，これは
バイアスのかかった説明となりうる．人種的・社会的固定観念や思い込みは，
間違いなく，イギリスの多数派，少数派の人々両方の子どもたちに損害を与
えてきた．こうした，とても目を引くケースは，児童虐待全体のごくわずか
な一部を表しているに過ぎないのであり，その点に注意することが重要であ
る．子どもたちに対する身体的虐待，ネグレクトおよび/ないし性的虐待の
多くは，家族グループや近しい友達の輪のなかで行われている．

　多様なコミュニティのなかでの暮らしは，すべての子どもたちに利益をも
たらす．国民意識調査によれば，多様な地域に住む人々は，同質的な地域に
住む人よりも，異なる背景をもった人を快く受け入れる割合が高い（Schmid

---

7）　2000年に，当時8歳のアフリカからの移民女児が100か所以上の傷を受け死亡し
　た事件．

et al, 2014). イングランド北西端のカンブリア（Cumbria），ないしイングラ
ンド南西端のコーンウォール（Cornwall）で育つ子どもたちは，混合コミュ
ニティのなかで育つという便益を得ていないため，異なる背景の人と関わる
機会は限られるかもしれない. 多様性の経験を欠くために，バーミンガム，
ロンドン，ランカスターで仕事を見つけようとする気概があまりなく，その
ため自らの視野を狭める可能性もあり得る.

## 3. 変化する意識

　われわれは，変化する社会経済情勢と同時に，家族政策を形づくる国民の
大きな意識の転換を目の当たりにしてきた. イギリス社会意識調査（British
Social Attitudes surveys）がこうした諸変化を数多くとらえている[7]. たとえ
ば性，結婚，親についての意識は大きく変化した. 1989 年には，子どもが
欲しいなら結婚すべきだという人が70％であったが，これが2012 年には
42％まで低下している（Park and Rhead, 2013）. 同性愛は全くもって/ほ
ぼ不適切なものであると考える人の割合は，1998 年には50％であったが，
2012 年には，この値は28％にまで下がった. 伝統的な性 役 割（ジェンダーロール）の見解もま
た変化している[8]. 1984 年には49％の人々が，お金を稼ぐのは男性の仕事
であり，家族の面倒をみたり家事全般を行うのは女性の仕事であるという見
解を抱いていた. 2012 年には，この割合は13％にまで減少している. 加え
て，母親が家に留まることへの選好も変化した. 1989 年には64％の人が，
就学前の子どもを育てる母親は家に留まるべきとしていたが，2012 年には，
その割合は3分の1（33％）にまで減少している. 一方，2017 年の時点で，
就学前の子どもを育てる母親はパートタイムで働くべきという人は38％お
り，フルタイムで働くべきだという人が7％いた. 興味深いことに，この意
識の変化の多くは，2012 年までに生じたものであり，それ以降の数値は安
定している.
　この期間に，貧困そのものと給付にたよる人々に対する世間一般の認識も

変化した．暮らし向きの良い人から，そうではない人への所得の再分配を支持する者の数は長らく減少してきたが，金融危機と緊縮以降は，再分配への支持が再び増加しつつある（Hills, 2017）．4 分の 3 を超える人々は一貫して，所得格差が大きすぎるとこたえており，多くは政府がこれに対し何か手を打つべきだと考えている（Hills, 2017）．しかし福祉給付の支出増に対する支持は 20 年前よりも低い．だが変化の兆しはある．最新のイギリス社会意識調査では，5 分の 1 の人々は失業者への給付の増額を支持しており，この割合は 2002 年以降で最も高い（Phillips et al, 2018）．また 2001 年の時点では，39％ の人が，福祉給付の手厚さが依存を生み出すという点に同意していた．それが 2010 年には 55％ まで上がったが，今は 43％ に下がっている．これは福祉に対する態度の軟化を示しているが，それでも未だ 2001 年の時ほど寛容ではない．

　こうした意識の転換は様々な要素が組み合わされた結果，生じるものである（Park and Rhead, 2013）．不況といった外部の事象が，失業に対する人々の見解を形づくる．政治の状況や，その時点で目を引く議論もまた，人々の行動に影響を与えるのと同じく，問題をいかに理解し，解釈するかに影響を与える．例えば同棲の増加は，結婚や人間関係に関する見解を作り出す可能性が高い．また人口に占める特定のグループの増加が，意識の変化をもたらすかもしれない．こうした様々な要素が，いかなる影響を家族政策に与えたかについては第 4 章で検討する．

## 4.　親 業の出現

　刻々と変化するイデオロギー，社会経済情勢，国民の意識という 3 つの相互作用が，母親と父親の役割を形づくり，家族についての新たな議論を引き起こす．具体的には，母親と父親が自分の子どもとどう関わるか，子どもたちにどう対処するかがポイントとなる．皮肉にも，女性が家の外で働く時間が長くなったと同時に，親子関係の重要性や，子どもの成果に対する**ペアレ**

ンティングの大切さを取り上げた研究エビデンスが増えてきた（第3章を参照）．ただし，ペアレントについての公共の議論は，「親」という叙述関係から能動態動詞へ移り変わっている．つまり，男性も女性も，今やわが子に向けたペアレント＝親<ruby>業<rt>おやぎょう</rt></ruby>をすることが求められる．雇用でのジェンダー平等の追求，家族の経済的側面を支えるためのダブルインカムの要求，そして幸せで健全な，実りある子どもを育て上げることへの（圧力ではなかったとしても）期待の高まりが，女性にとって，完璧な子どもを生むだけでなく，収入の高いキャリアを追い求めるプレッシャーになっており，その点で女性にとって最も憂慮すべき事態が生じている．本屋の棚には，親向けのアドバイス・マニュアルが数多く陳列されている．親（一般的には母親）へのアドバイスや支援を共有できる Netmums や Mumsnet，その他のソーシャルメディア・フォーラムの出現は，一部の人々が，状況判断を誤る（そしてその誤りは，次世代にとって深刻な帰結をもたらす）可能性について，これまで以上に懸念を抱いていることのさらなる証左である．潜在能力の向上が，親業[8] に関する公共の議論の主たる特徴となっており，その一部は間違いなく，状況を的確に判断するよう母親と父親に一層のプレッシャーを与えている．何が善き親業を構成するのかは，絶えず繰り返される議論のテーマである．具体的には，子どもが自分のペースで育ち，発達する自由を最大限認めることの奨励から，子どもをこれまで以上の達成へと強く促す，**タイガー・マザー**[9] という固定観念に代表される，成功への駆り立てまでが含まれる．第3章では，研究による指摘が，善き親業の主たる構成要素となっている様子を，より詳しく取り上げる．

アリソン・ゴプニックは近年，その著書である『園芸家と大工』で，親業をどのようにみるかについて果敢に取り組んでいる（Gopnic, 2016）．「「親業をする」とは，目的を持つ動詞である．つまり，それは仕事を表しており，

---

8）以下では本節に限り，ペアレンティングを「子育て」ではなく「親業」と訳している．

9）子どもが成功するよう，過大なタスクを課す母親．

ある種の労働なのだ．それなしで済ませてしまうよりも，何とかして自分の子どもを一段と優れた，または人一倍幸せで成功した大人に変えることが親業の目的である．」ペアレントとは，夫や妻のように基礎となる関係を表すべきものであり，習得や指導されるべき活動を指してはならないとゴプニックは論じている．親の立場に関し，一般的な親とは完璧な子どもを創り出すための資源である，とほのめかすアプローチを彼女は批判している．このアプローチで危惧されるのは，過密スケジュールと入念に準備された生活で，新たに自己決定をする自由を欠いた，過剰なプログラムを受ける子どもたちだと彼女は考えている．多くの場合，**親業**に向けた善意ながら徒労に終わる努力は，待ち望んだ結果を生み出せない．これに母親や父親は罪悪感を覚え，子どもや若者は惨めな気持ちになる．ゴプニックは，親業に真摯な姿勢やハードワークは必要ないというためにガーデニングの隠喩を用いているのではない．そうではなくて，たくさんの驚きがあり，子どもは何事も完全に思った通りに成長するわけではないということを示唆している．彼女は，いわば堅苦しくて幾何学的な配置のフランス式パルテールではなく，野草のためのスペースを設けた，自然な見た目のイギリス式庭園を造っているというのだ．自然で堅苦しくない 1 つの庭が，その姿を表に現すには，芝生を大変綺麗に整えたり，シャープに刈り込んでエッジを整えるぐらいのハードワークや辛抱強さ，熱心さが求められる．これはガーデニングをする人ならだれもが理解できるだろう．

　こうしたプレッシャーはすべての女性に影響を与えるが，とりわけ貧困状態の母親に与えるインパクトは深刻である．健康，教育，ライフチャンス面での子どもの成長・発達や能力の獲得は，概して**社会階級を数量的に尺度化**したものに基づいている．第 1 章で述べたように，貧困下にある子どもは，暮らし向きのよい同学年集団よりもアウトカムが不良であり，同じく，中所得層の子どもは富裕層の子どもよりもアウトカムは不良である．これまでの政府は，貧困下にある子どもと，暮らし向きの良い同学年集団たちとの間にある成果のギャップに対し，様々な方法で対応してきた．貧困状態にある子

どもの数を減らし，貧困が恵まれない子どもに与える影響を緩和し，子ども
の将来のライフチャンスを改善する政策が考案されてきた．雇用年金省
（DWP：Department for Work and Pensions）の政策は，親の就業を増やすこ
とで子どもの貧困を減らすよう，女性の労働市場への参加促進を狙っている．
寛大な勤労税額控除（Working Tax Credit，労働党政権下で実施された給付
付き税額控除）のときは，就業を通じたプレッシャーの削減にも成功してい
た．しかし 2010 年以降は，シングルマザーと子育てカップルの家族への所
得移転は減額され，すでに本章で述べた通り，ワーキングプアの割合が高く
なった．教育省（Department for Education）は，子どもの成果の改善と関連
性がみられる家庭学習環境を作り出す能力を親にもたせ，あわせて学校を改
善するという方法で，子どもの貧困の影響の緩和に注力している．こうした
政策は，貧困状態にある母親に対し，労働市場への参入と労働時間の増加，
それでいて子どもたちと接する時間は一層長くするという，さらなるプレッ
シャーを与える結果となった．母親，父親，子どもの人生の満足について幾
ばくかの犠牲を払うことなく，こうした変化は実現しなかったであろう．第
4 章では，親業への介入を通じた潜在能力の改善を図る政策に加え，所得移
転と拡充した休業制度によりプレッシャーを削減してきた政策を考察する．

　最後に，長期的な子どもの成果にとって親業行動が重要だという認識が世
間一般で一層高まったため，労働市場への参加率が増加しても，母親と父親
の両方が子どもと過ごす時間は目に見えて伸びた可能性がある．階級の代替
尺度として教育を用いると，子どもと過ごす時間は社会階級上の地位に従う．
1995 年から 2012 年の間に，大卒の母親が子どもと過ごす時間は，1 日あた
り 1 時間と少しから約 2.5 時間へと倍以上に伸びた．イギリスの非大卒の母
親もまた，子どもと過ごす時間は大きく増えたが，その全体の長さは大卒の
母親よりもやや短く，1 日あたり約 1 時間であったのが約 2 時間に伸びた．
また短時間からのスタートではあるが，同期間に男性が子どもと過ごす時間
も増加した．学位をもつ男性とそうでない男性との間でみられる子どもと過
ごす時間のギャップは，母親の大卒グループと非大卒グループの間のギャッ

プよりも大きく，しかもその差が開いてきている．1995 年に，イギリスの
大卒男性が子どもと過ごす時間は 1 日あたりおよそ 50 分であった．高等教
育を受けていない男性は 1 日あたり 45 分ほどであった．2012 年には，高等
教育を受けた男性は 1 日 2 時間弱を過ごす一方，高等教育を受けていない男
性が子どもと過ごす時間は 1 日およそ 1.5 時間となった．4 つのグループと
も大幅に増加したが，父親・母親とも教育を尺度化してみた際の差は拡大し
た（Dotti Sani and Treas, 2016）．第 3 章で述べるように，貧困それ自体に
より，子どもと過ごす時間が制約されるだけでなく，程度の差はあれ社会性
の発達や認知発達を促すような活動にも影響が及びうる（Cobb-Clark et al,
2016）．子どもは，就学前のみならず，就学期全体にわたって親と過ごした
時間から教育的便益を受ける．就学前・初等・中等教育の効果的な提供研究
（Effective Provision of Preschool, Primary and Secondary Education study）では，
**家の内外でのアカデミックな活動が GCSE（中等教育修了一般資格）のパフ
ォーマンスを予測するうえで有効な因子である**ことが示されている（Sam-
mons et al, 2014）．こうした活動のなかには，コンサートや，博物館の訪問，
休暇中の海外旅行など，かなりの支出を伴うものもある．この結果は，社会
経済的不平等の是正に努めることなく親業を強調すると，低所得家族の子ど
もと暮らし向きのよい家族の子どもとの間にある成果のギャップを拡大させ
るかもしれないというエビデンスを提供するものである（Del Bono et al,
2016）．

## 5.　結論

　国家は社会の変化を注視し，受け入れるとともに，変化をもたらす存在で
ある．イデオロギー，社会経済的／人口構成面の要素，国民の意識，そして
行動が変わったことで，政府による家族政策に関する積極的な活動が促され
た．家族に関する公共政策は，1990 年代初頭における<ruby>比較的傍観<rt>ベナイン・ネグレクト</rt></ruby>の立場から，
ますます介入主義的アプローチへと移っている．第 4 章では，歴代の政権が

34

この 20 年間にわたる状況の変化に，いかに対応してきたのかについて，より詳しく述べる．

注

1 〔原著に示されたリンクは下記の通りだが，2022 年 9 月現在，確認することができなかった〕以下を参照．www.nonmarital.org/Documents/Workshop_IV/Cohad_trends.UK.pdf
2 〔原著に示されたリンクは下記の通りだが，2022 年 9 月現在，確認することができなかった〕以下を参照．www.nonmarital.org/Documents/Workshop_IV/Cohad_trends.UK.pdf
3 以下を参照．www.ukhousingreview.org.uk/ukhr17/tables-figures/pdf/17-093.pdf〔Table 93 Homelessness: categories of need in England〕
4 雇用年金省（DWP）は，過去 4 年間のうち 3 年間以上，住居費控除前の所得がイギリスの所得の中央値の 60％未満である状態を慢性的貧困と定義している．
5 以下を参照．https://www.ethnicity-facts-figures.service.gov.uk/housing/owning-and-renting/renting-from-a-private-landlord/latest
6 以下を参照．https://theconversation.com/against-the-odds-how-ethnic-minority-students-are-excelling-at-school-53324
7 ナッセン社会調査（NatCen social research）によるイギリス社会意識調査を用いた．利用可能なデータに応じて，タイムスパンは異なっている．詳細は以下を参照．https://natcen.ac.uk/our-research/research/british-social-attitudes/
8 以下を参照．www.bsa.natcen.ac.uk/media/38457/bsa30_gender_roles_final.pdf

# 第**3**章
# 子どもは何を必要としているのか

　この 20 年にわたり，心理学，経済学，社会政策，社会学および生物化学という様々な専門分野から得られたエビデンスは，子どもの成果の改善を目的として取り上げた議論や政策に対し，どのような影響を与えてきたのだろうか．これは実に注目すべき問いである．本書を通じ，われわれは研究から得られる 2 つの異なるタイプのエビデンスを考察する．本章では，子どもは自分の諸能力をいかに発達させるのか，そして子どものアウトカム（好ましいものもそうでないものも含む）を形づくるのは何かを理解するうえで必要なエビデンスを分析する．第 2 のタイプのエビデンスとは，子どもの発達を改善する，ないし子どもの困難に対処するための解決法を探る取り組みに関するものである．後者のタイプについては第 5 章にて，政策レベル，および個々の介入という実践レベルの両方で，問題の解決を図る対応策の効果に関わるエビデンスを考察する．

　本章では，キーとなる概念，児童発達の諸段階の概要，および発達の理解を深める神経科学分野での近年の大いなる躍進を明らかにするための根本的な整理から始める．本章を通じ，われわれは貧困および家庭資源（物的資源・社会階級・教育環境）が，子どもの成果にどのような影響を与えるかという点に注目する．また，こうした社会経済的要因と，家庭の状況や親子関係，親どうしの関係，母親のメンタルヘルス，子育ての実践との具体的な関係について考察を行う．

　われわれはとりわけ貧困というレンズと政策に関心をもっている．貧困状態にある子どもは，どのような不利に直面しているのだろうか．貧困状態の

子どもの成果に対し，様々な要素が与える影響とは何であろうか．より良い成果につながるチャンスを改善するために，何かできることはあるだろうか．

## 1. キーとなる概念と成　果<ruby>アウトカム</ruby>

　人々の生涯にわたるウェルビーイング〔善き状態でいること〕と関連をもつ，児童発達の指標やアウトカムは幅広く存在する．これには幼児期の学び，学業成績，高等教育と継続教育[1]へのアクセス，雇用，身体の健全な発達，そしてメンタルヘルスとウェルビーイングが含まれる．また，安全であること，つまり児童虐待，リスクの高い性行動，犯罪，反社会的行動，薬物乱用の防止もこれに含まれる．本書の主たる関心は，最も親の影響を受けやすい（とりわけ認知発達，社会性の発達，および情動の発達にかかわる）成果にある．われわれがこれらを選んだのは，子どもの認知スキルと非認知スキルが，児童期や成人期における他の多くの成果に著しい影響を与えるためである．ここでいう他の成果には，学業成績から，雇用，所得，心身の健康までが含まれている（Marmot, 2010）．例えば，5歳の時点での語学力やコミュニケーション能力の低さは，読み書きの能力や学力の低さだけでなく，成人期にメンタルヘルスの問題を抱えたり，失業する可能性の高さとも関係がある．

　こうした特定の成果を形づくるものは何なのかを理解するため，われわれはいくつかの種類の研究エビデンスを用いる．本書で引用している多くの調査研究ではさまざまな手法が用いられており，ランダム化比較試験（RCTs：randomized control trials）[1]ないし準実験デザイン（QEDs：quasi-experimental designs）[2]が含まれる．この2つは介入による因果関係のインパクトの推定を可能にする手法である．それらは異なる時点における同一の個人グループないし世帯グループを追跡し，縦断データを分析している．また政府省庁な

---

1〕　高等教育以外の，職業学校での教育などを指す．

いし機関からのデータを用いて，ある政策が効果的であったか否か，またなぜそのような結果となったかについて見識をもたらす定性的（質的）研究である（HMT, 2011）．

　ここでは，家庭資源と子どもの成果との間にある関連性に注目する．家庭資源には，親の所得（貧困・はく奪に関わる）や社会経済的地位（SES）が含まれる．そのうち後者（SES）には，親の学歴，職業，社会階級が含まれている．往々にして，これらは同じように用いられる．しかし後でみるように，それぞれが児童発達の特定の側面に対し異なるインパクトを与えうるし，その相対的重要性も時間を通じて変わってくる．また重要な点として，構造的なものであれ，心理的なものであれ，家族生活や子どもの成果に与える影響は**動態的である**ということを忘れてはならない．家族と子どもたちは，貧困に陥ることも抜け出すこともある．関係が壊れることもあるし，再び築かれることもある．仕事を得ることも，失うこともある．縦断データとその分析を通じて，われわれはこの家族生活の移り行く状況を最もよく理解できる．子どもと家族の生活パターンが時の経過とともにどう変化するかという情報を用いて，確実に政策立案が行われるにあたり，このデータ基盤の構築は重要な礎となる．

## 2.　家族およびその他の要因が子どもの成　果に与える影響

　幼児がどのように児童期，20〜30代の若年成人期，そしてそれ以降へと成長し，日々を過ごすかについて，まず大きな影響を与えるのが家族である．親ないし保護者による，乳幼児，子ども，若者の育て方は，子どもの遺伝や性格に加え，親ないし保護者自身の過去の生活や，自分の育てられ方，自分がこれまで直面した好機や逆境によって変わる可能性がある．また母親や父親，そして他の保護者による愛情，養育，ケアの提供（実際はまれに，それとは真逆のこと，つまりネグレクトや虐待も起こりうる）は，幅広い状　況のなかで行われる．親や，それ以外の家族のメンバー，友人，隣人，他にも

図3.1　ブロンフェンブレンナーの生態学的モデル

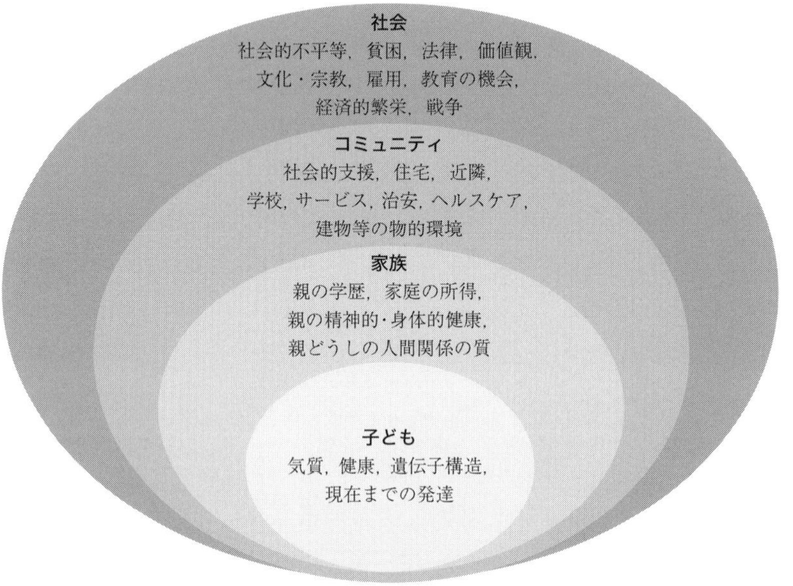

**社会**
社会的不平等，貧困，法律，価値観，
文化・宗教，雇用，教育の機会，
経済的繁栄，戦争

**コミュニティ**
社会的支援，住宅，近隣，
学校，サービス，治安，ヘルスケア，
建物等の物的環境

**家族**
親の学歴，家庭の所得，
親の精神的・身体的健康，
親どうしの人間関係の質

**子ども**
気質，健康，遺伝子構造，
現在までの発達

出典：Asmussen（2011）．

サービスの質とアクセスのしやすさや，文化的・宗教的要素，そして社会経済情勢のすべてが，子どもの発達に影響を与える．ブロンフェンブレンナー（Bronfenbrenner, 1989）の生態学的（エコロジカル）モデル（図3.1を参照）は，児童発達に作用する様々な要素を示している．こうした要素は子どものライフコースを通じて変化するが，そのライフコースには一連の重要な移行ポイントがあることが特徴的である．子どものウェルビーイングを支える政策は，子の発達段階の考慮だけでなく，社会・コミュニティ・家族・子ども関連の諸要素をカバーする横断的なタイプの方が成功する可能性が高い．この点をおさえておくことが有用である．

## 児童発達のフェーズ

さまざまな専門分野から**就学前**幼少期（乳幼児期）が大切だと分かってい

る．換言すれば，これはとりわけ発達上，重要な段階である．この時期に，後の発達——身体的，認知，言語，社会性・情動の能力——につながる基礎的要素が築かれる．「親および他の主たる保護者は，就学前幼少期段階での環境的影響の『大いなる構成要素』である．」「子どもがいかにやっていくかは，その親自身の健康やウェルビーイングにも左右される」(Shonkoff and Phillips, 2000)．

　社会経済的グループ間での子どもの認知スキルの不平等は，児童生活の極めて初期に明確に表れることも分かっている (Feinstein, 2015a and 2015b；Jerrim and Vignoles, 2015)．Leon Feinstein (2003) による初期の研究は，労働党政権時の『すべての子どもの平等保証 (Every child matters)』(DfES, 2003) 政策，および連立政権の社 会 移 動戦略に強い影響を与えた．この研究のなかのグラフでは，次のことが示されていた．平均すると，高い社会経済的地位 (SES) の家族のもとに暮らす，生後22か月では低い認知スコアだった子どもは，10歳には相対的にみて好スコアへと改善する．一方，低い SES の家族のもとに暮らす，生後22か月では高い認知スコアだった子どもは，10歳の時点で低スコアへと悪化する (Feinstein, 2003)．論評は乳幼児期に注目しているが，実際には，5歳から10歳の間にもスコアは変化しているのである．(この研究者の名前を冠して）よく知られるようになった，いわゆるファインシュタイン・グラフ (Feinstein graph) は政策立案者や政治家に広く引用され，なかにはその解釈や示し方を過度に単純化したケースもあった[3]．しかしながら，社会経済的地位が乳幼児期以降の子どもの発達を形つくることは今も重要なポイントである．また乳幼児期において子どもの認知スキルにギャップが確認されうることを示す，別の有力なエビデンスもある．『幼児期の認知発達におけるキー・コンピテンシー：ものごと・人・数・言葉』(Asmussen et al, 2018) において，著者たちは，3歳になる前から始まる（数を数えたり，単語を覚えるなど）複数の分野での認知学習に，所得と関連したギャップが存在していることを示している．乳幼児期基礎段階プロファイル (Early Years Foundation Stage Profile, 5歳になる前に

子どもの到達度を測る指標）では，様々な幼児期の学習目標にわたり，無料学校給食の対象である子どもとそうでない子どもとの間には9〜18％の隔たりがあるという結果が示されている．幼児期の学習のギャップについては，所得が主たる役割を担う一方，著者たちは，早産や妊産婦の出産前後のメンタルヘルスを含め，関連がある複数のリスクを明らかにしている．幼児期の言語発達は，読み書きの学びに加え，子どものコミュニケーションや自己感情のコントロール，また人間関係形成の能力を得るうえでも不可欠である（Law et al, 2017）．所得やジェンダーによって，2歳までの言語習得には大きな差が生じる[4]．不利な家庭の子どもは，有利な家庭の子どもよりも言語習得の点で決定的な遅れを取る．しかしながら，所得よりもジェンダーの方が影響力は大きく，幼児期の言語発達は女児よりも男児の方が遅い．したがって政策は，社会経済的差異や，エスニック集団の差異に加え，ジェンダーについても敏感でなければならない．

　こうしたとりわけ幼児期での認知スキルのギャップは，学校教育では縮まらない．それどころかギャップが広がるとする研究がある（Goldstein and French, 2015）．『イギリスの経済的不平等分析』（National Equality Panel, 2010）に先立ち行われた研究では，社会経済的グループ間の学力のギャップは3歳から14歳では拡大し，14歳から16歳の間ではやや縮小することが示されている（Goodman et al, 2009）．このパターンは家族の所得，父親の職業，母親の学歴，住宅の所有/賃貸形態および地理的はく奪では似通っている．しかしながら，エスニック・マイノリティ集団の子どもと白人の子どもとの間の学力ギャップは，これとパターンが全く異なる．3歳の白人とエスニック・マイノリティの子どもとの学力のギャップは，所得グループ間のギャップよりも大きいものの，16歳までにほぼなくなる．またジェンダー・ギャップは3歳から5歳の間は小さいが，それより上の歳の子どもでは拡大する．

　社会経済的グループ間での児童発達の差は，認知スキルに留まらない．それ以外にも，健康や行動を含む複数の指標で確認されている（Marmot,

2010)．2000/01 年から実施され，イギリスの 19,000 の家族から収集された縦断的研究である 21 世紀コホート研究（MCS：Millennium Cohort Study）の最新の分析では以下のことが示された．それは，平均すると，低所得グループに属していない子どもは，11 歳時点で貧困下にある子どもよりも日ごろの行いが正しく，情緒的に健康であるというものであった（Goodman et al, 2015）．少年（boys）の方が問題行動を起こしやすい傾向にあるが，情緒面の健康についてはジェンダーによる差はほとんどなかった．社会的，情動的スキルと社会経済的地位との相関関係は 3 歳の時点では明確にみられ，その時までに差が生じ始めるようだが，尺度上の困難性があり捕捉は難しい．重要なのは，この社会的，情動的スキルの差が 3 歳から青年期前の 11 歳まで存続することである[5]．いまも政策や実践の場では他と比べ軽視されているが，こうした非認知スキルは子どもの生涯にわたる経験にとって重要である．著者らは 1970 年生まれイギリスコホート研究（1970 British Cohort Study）を用い，子どもの社会的，情動的スキルが，かなり後となる成人期（42 歳）生活での複数の成果の改善と関連があることを示している．とりわけ自制心と自己制御は，成人期の精神的ウェルビーイング，身体面でのさらなる健康，健康的な行動，望ましい社会経済的成果や労働市場のアウトカムと相関があり重要である（Feinstein, 2015c）．

　認知および非認知スキルの不平等は児童生活の早期から生じはじめ，その後も解消されず，場合によっては児童期および青年期を通じてさらに拡大すると思われる．青年期は急速な発達がみられる期間であり，特定の困難を伴う．縦断的研究センター（Centre for Longitudinal Studies）の最近のデータ[6]では若者の間でメンタルヘルスの問題がどれほどみられるかについ示されている．11 歳の時点での少女と少年（boys）のうつ症状の割合は似通っているが，青年期に近づくにつれ，少女の間での割合は急速に上昇する．14 歳の時点では，少女の 4 人に 1 人が自分はうつ症状にあると述べており，10 人に 1 人がうつ症状を述べる少年よりもその割合は高い．メンタルヘルスの不調は，貧困という背景をもつ 10 代の少女の間でよくみられるが，少年に

その傾向はない．肥満，同級生とうまくやっていけないこと，いじめにあうことは，いずれもメンタルヘルスの不調と関連している．就学前幼少期は，子どもの基礎的発展の期間である．一方，児童期と青年期というフェーズは，それぞれのライフチャンスを改善し，貧困家庭と豊かな家庭で育った子どもたちの間にある成果の差を縮小する発達上の節目であり，そうなる機会とともに，そうならない可能性も伴う．次節では，近年の神経科学の発展について探っていく．それは幼児期だけでなく，青年期，そして成人期への移行時にも着目した政策的解決が必要であることを裏付けるものである．

### 脳の発達

近年の際立った特徴の１つが，児童発達の様々なフェーズに関する神経科学の研究の発展と，それが公共政策の語<ruby>り<rt>ナラティブ</rt></ruby>に与えた影響である（後者については第６章を参照のこと）．研究はいまだ初期段階だが，MRI（磁気共鳴画像法）といった技術的進歩は，機能している人間の脳の診断を可能にし，人生の様々な段階で，脳がいかに発達し機能するかについて重要かつ新しい見地をもたらしている．ここでは，その研究のメインフィールドを正しく評価するだけの紙幅はない．ただし，赤ちゃんや子ども，そして若者がいかに発達し十分に成長していくかを理解するうえで新しい見識と展望をもたらした，いくつかの重要な発見をみていきたい．

脳が変化するキャパシティに年齢上の限界はない．（年齢に影響を受けず）変化に対応する継続的なキャパシティは，**経験依存型**可塑性として知られている（Blakemore, 2018）．これは経験**予期型**可塑性という，受胎の時から始まり成人期には横ばいになる感受期のものとは異なる．脳の発達は受胎から児童生活の乳幼児期の段階で急速に進み基礎を形成する．しかし重要なのは，より近年の研究において，その後の青年期および若年成人期が，脳の発達の重要な期間であることが示された点にある．

乳幼児期の物理的環境や，社会・情動面の環境が，いかにして児童の脳が発達するかを決定づける（Oates et al, 2012）．乳幼児期とは，脳の可塑性と

応答性を考慮すると，際立った感受性の時期の1つであり，その時点で，言語，情動，記憶，計画，注意といった機能を備える脳の特化領域が数多く確立される（Oates et al, 2012）．子どもが生まれる前から，薬物やアルコール，栄養失調，感染症にさらされると，赤ちゃんの脳の発達には有害な影響が生じ得る．ただし，脳の発達は単純に右肩上がりで進むわけではない．むしろ児童生活のうち就学前の様々なタイミングでピークを迎えるため，最適な発達を成し遂げるには「歳に応じて適切な」経験が求められる（National Scientific Council on the Developing, 2007）．

　ここでは，子どもの幼児期の経験が，脳の発達にいかなる影響を与えうるかの一例として，子どもが大人と会話する機会の多さと，子どもの言語に関わる脳機能との関係性に着目した最近の試みを取り上げる（Romeo et al, 2018）．家での子どもの幼児期の言語経験が，後の言語や認知スキルに影響を与えており，それは社会経済的地位による相当な平均差を伴うことが分かっている．この最新の研究は，その関連性を支える脳の神経メカニズムを明らかにしている．研究は「大人との会話のやりとり」に着目する．具体的には，4歳から6歳の子どもとの，言語情報のみならず，大人の反応や互いの注意，会話情報の交換といったノン・バーバル・コミュニケーションを含む，双方向の会話を指す．そして（単なる大人の単語数ではなく）より多くの会話のやりとりを経験した子どもには，社会経済的地位や知能指数とは無関係に，脳のブローカ野での賦活がみられたという．「これは，子どもが言語にふれる機会と本人のバーバル・スキルとの間にある関係性をかなり説明している」（Romeo et al, 2018）．著者らは「因果関係は示せないものの，結果からは，子どもの環境の重要な側面である幼児期の言語接触が，脳の言語処理方法に変化を与える可能性が示唆される」と結論付けている（Romeo et al, 2018）．この研究結果は，親や保育・幼児教育の教員をサポートするプログラムにおいて，そうした言語発達の相互作用の側面を促すことが重要だと指摘する他の研究を強調するものである．

　近年の研究は，一部の脳領域において，児童期，青年期，そして20代か

ら 30 代に至るまで発達が継続することを示している．「20 世紀後半までの社会通念とは対照的に，今や以下の内容が分かっている．それは私たちの脳はダイナミックで成人期まで絶えず変化すること，そして幼児期の生活で経験した変化は以前考えられていたよりも，長く持続し，より大きな意味合いをもつということだ」（Blakemore, 2018）．意思決定，自己制御，自己評価を行う脳の領域である前頭前皮質では，青年期の間に重大な変化が生じる．ブレイクモアは，様々な段階で若者の潜在能力とスキルが発達を続ける様子を説明している．20 日間にわたるオンライン・トレーニングを通じて，コンピューターゲームをプレイさせ，青年期（11 歳から 18 歳）および成人期（19 歳から 33 歳）の若者の認知スキルを検証した．するとすべての年齢グループで認知スキルの改善がみられたが，青年期後期（16 歳から 18 歳）と成人期の若者に最も大きな改善が見られたことが分かった．彼女はこの実験によって，こうした後期の発達段階が教育や社会性の発達にとって特に重要な機会であると論じている．

　神経科学は，児童発達を形づくるものは何かについて説得力のある洞察を与えてくれる．いくつかの事例では，他の学問分野で知られている内容を強固にするだけでなく，環境が子どもの応答，スキル，潜在能力を形成し，影響を与えうるメカニズムについて新しい観点を提供している．他の事例では，たとえば人間の脳は児童期中期や後期以降は大きく発達しないといった，これまでの前提を覆している．場合によっては，言語発達を支援する介入の特徴，ないし特定の認知スキルを教えるにはどのタイミングがベストか，など介入の立案を行う手助けとなるかもしれない．神経画像を用いた研究は，脳の一部分の大きさないし活動の変化と，たとえば行動，心理状態，特性との関連を教えてくれる．ただしそれは因果関係を教えてくれるわけではないし，子ども 1 人ひとりの成果を予測可能にするわけでもない．これは忘れてはならない重要な点である（Blakemore, 2018）．いまだ早期段階にある科学を，誇張しすぎないよう注意する必要がある．

## 親子関係

　親が児童発達にどのような影響やインパクトを与えるかについては，複数の学問分野での幅広い実証エビデンスが存在する．しかし何が善き子育て<sup>ペアレンティング</sup>の構成要素となるのか，というのは必ず論争を呼ぶテーマの1つである．Asmussen（2011）は下記のように論じている．「多くの人々は，子どもの生理的欲求の充足に留まらぬ，善き子育てに関する暗黙知をもっている．これには，愛，安全，学習指導，経済的保障を与えることが含まれる．」**子育て**とは，環境やタイミング，文化，イデオロギーを反映する規範的概念でもある．親子関係の支援を目的とするサービスやプログラムは，この20年間にわたりすべての政権で強くみられる特徴である．本章では，何が善き子育てであり，それがいかに子どもの活躍の助けになりうるかについて，エビデンスから明らかとなった内容に注目する．第4章では，子育ての概念が，様々な政治や政策上の文脈において，いかに用いられてきたかを考察する．

　研究は，親子の**相互作用/やりとり**の重要性を示している．だが，子育てに関する政策論議の際，子ども自身の特性や学びの構えが無視されることもある．子育ては，双方向の関係というよりも，子どもに対して**行うべきもの**とみなされるのだ．実際には子どもの学びの構えや特性が，母親と父親の行動や応答に影響を与えることが分かっている．「ペアレント」はジェンダー中立的な単語だが，実際のところ，エビデンスや政策の多くは母親に着目しており，父親が姿を現すようになったのはごく最近である．またレズビアン，ゲイ，バイセクシャル，トランスジェンダーの家族の増加により，伝統的なジェンダー観を伴う子育ての概念は困難に直面している．

　子育ての実践と家庭資源（貧困，階級，教育に関するもの）は子どもの成果に大きな影響を与えるが，親の行動と家庭資源の相互作用は複雑である．ここでは発達心理学で知られる諸理論をみていく．これらの理論は，第5章で検討する様々な子育てへの介入やアプローチの発展の基礎を提供するものである．まずは幼児期の親子関係について検討しよう．親（たち）と子どもの関係や，両者のやりとりが，子どものアタッチメント（愛着），社会性の

発達，情動の発達，そして認知スキルに重大かつ持続的な影響を与えること
が分かっている（Asmussen et al, 2016）．どのように影響を与えるかについ
ては意見が分かれる．O'Connor and Scott（2007）は，親子関係と子どもの
成果を結びつける，3つの主たる理論を挙げている．それはすなわちアタッ
チメント（愛着）理論，社会的学習，養育スタイルである．アタッチメント
理論は最初期の段階から築かれる親子の絆に着目する．子に対する親の敏感
性や応答性が，安定型アタッチメントを形づくる．無秩序―無方向型アタッ
チメントは精神疾患のリスク増大と関連がある．社会的学習理論とは，他者
の行動の観察や模倣，および自分の働きかけが外界に与えた反応から，観察
者である子ども自身のその後の行動はどのような影響を受けるかについて説
明するものである．幼児期では家庭環境が，この社会的学習の主たる源とな
る．

　養育スタイルと実践は，児童発達に大きな影響を与えると考えられる
（Asumussen, 2011）．この理論では4つの養育類型が発展してきた．それは，
(1) **指導型**（authoritative）――養育の温かみは高いが，独断的で支配力も高
い，(2) **迎合型**（permissive）――養育の温かみは高く，支配力は低い，(3)
**専制型**（authoritarian）――養育の温かみは低く，非常に対立的，強制的，懲
罰的である（つまり支配力が高い），(4) **放任型**（neglectful and disengaged)
――養育の温かみは低く，支配力も低い，である．(1)の指導型養育スタイ
ルは，子どもの成果と正の関連性がある（Heath, 2009）．指導的な親のもと
で育った子どもは，学業成績，自己制御，推論能力，共感のレベルが高かっ
た．また彼/彼女らは，専制型，迎合型，放任型養育スタイルの家族のもと
で育った子どもよりも，大人や同級生に協力的なことが分かっている（Rut-
ter et al, 1998）．今や有名な「ヘリコプター・ペアレンティング」[2]は，指導
型養育をさらに徹底したバージョンといえる．ヘリコプター・ペアレンティ
ングについては，青年期における内在化障害（自分へのいら立ちを自分に向

---

2〕　子どもにずっとついて回る過保護な親の子育てを指す．

けること），外在化障害（自分へのいら立ちを非行など外に向けること），自
発性の低さの問題と関連性がありうるとする研究（Waylen and Stewart
Brown, 2008）がある一方，親の学歴の影響を統制すると，「徹底的な養育
スタイル」は，高い学業成績と相関性をもつという研究もある[7]．指導型以
外の養育スタイルは成果の低さと関連があり，とりわけ専制型養育はその強
制性という性質から成果が低いとされる（O'Connor and Scott, 2007）．

　この養育スタイル分析は，社会階級，ジェンダー，民族性の違いを考慮で
きていないと声高に批判されてきた（Phoenix and Husain, 2007）．批判的
研究の著者は，民族グループ，社会階級，宗教が異なれば，同じ養育行動で
も，異なる意図や成果を伴うかもしれないという点を考察している．地域の
近隣住民といった環境的要素もまた，子育ての実践に影響を与える．たとえ
ば犯罪の多い地域に住む家族にとって，専制型の養育スタイルは，子どもの
安全のために不可欠かもしれない．さまざまなグループにとって効果的な政
策や介入をおこなうのであれば，子育ての実践とそのインパクトが，人口グ
ループによって異なる可能性があることをきちんと理解せねばならない．

　養育スタイルはまた，家族内であっても両親の間や，時間の経過とともに
大きく変わりうる．親どうしの諍（いさか）いが続くと，一緒に子育てをする（ある
いは共同養育をする）能力に悪影響が及びかねない．そしてそれは，子ども
の成果にも影響を与えうる．とりわけ共働きという状況で，仕事と家族生活
のバランスをうまくとるよう家族にプレッシャーがかかれば，その結果，親
たちは子どもと過ごす時間や心の余裕が足らず，うまくやれていないと感じ
る可能性がある（Lewis, 2007）．これは政策立案者が，家族にやさしい雇用
政策と子育ての関係性をきちんと考えることが大切だという指摘につながる．

　児童発達に対する父親の影響について知見を得た，新しい研究もある．父
親はそれまでの世代の男性よりも子どもと過ごす時間が長くなっており，そ
れはとりわけ5歳未満の幼児をもつ父親に顕著にみられる（Faux and Platt,
2015）．また父親が自分をどう受け止めているかという点でも変化がみられ
る．具体的には，家族の稼ぎ手から，仕事へのアイデンティティを保持しつ

つも子育てに積極的に関与する父親と受け止めるようになっている（Dermott, 2008）．Lewis and Lamb（2009）は，（とりわけ少年〔boys〕や思春期の子どもに対する）子育てに積極的に関与する父親の重要性を考察している．健康面や貧困，そして労働のプレッシャーは，母子間のやりとりに加え，父子間のやりとりにも影響を与えることは容易に想像がつく．しかし実は父母間の関係が，父と子の関係にとりわけ大きな影響を与える（本書52ページを参照）．

　近年，子育ての実践——特に家庭学習環境（HLE：home learning environment）——と，子どもの認知および社会性・情動性の発達との関係に注目が集まっている．家庭学習環境には児童発達を支援する幅広い子育ての実践が含まれている．具体的には，読み聞かせ，歌を歌うこと，公園ないしお店へのお出かけ，そして規則正しい食事の時刻や就寝時刻が挙げられる．先駆的な研究である，効果的な就学前教育プロジェクト（EPPE：Effective Provision of Pre-School Education）調査は，家族の所得，職業的地位，親の学歴，家庭学習環境が幼児期の子どもの成果に与える相対的な影響力について考察している（Sylva et al, 2010）．そこでは親の所得や社会階級，学歴が**それぞれ独立して**，子どもの認知および社会性・情動性の両方の成果と関連をもつ様子が示されている．ただしその著者は，家族の所得や社会経済的地位[3]よりも，親の学歴の方が子どもの成果との結びつきが強いことが分かったとしている（これは，後で取り上げる Schoon et al［2013］の研究と異なる知見である）．効果的な就学前教育プロジェクト（EPPE）調査では，父母の学歴は大切だが，とりわけ母親の学歴が大事だと示されている．また興味深いことに，所得，社会経済的地位，そして親の学歴よりも，さらに家庭学習環境の質の方が，独立して学業成績に与える影響は大きいと指摘している．低所得/低い社会経済的地位の家族は家庭学習環境が貧弱な傾向にあるが，その結びつきはさほど強くない．貧困家庭が，高い家庭学習環境を備えている場

---

3〕　この研究では親の職業階層の高さを表す．

合もあれば，その逆もある．家庭学習環境の改善が，すべての子どものライフチャンスを改善する重要な手段をもたらすかもしれないと著者たちは結論付けている．かつて Kiernan and Mensah（2011）は，慢性的貧困状態に置かれながらも，受けている子育てのスコアが高い子どもの 58% は，良好な成績レベルにあると示した．上記の研究は，これを裏付けるものである．

　より新しい研究である Washbrook, Gregg and Propper（2014）は，家庭資源，親の行動，子どもの生育環境という発達に関わる因子と，児童期中期の 6 つにわたる成果とのバス係数について分析している．そこでは，子どもの認知面の成果に関し，所得がダイレクトな役割を担うことが分かっている．親の学歴は，子どもたちの教育，行動および健康面の成果を予測する因子として強いものである．また財力は，母親のメンタルヘルスを通じ，間接的な役割も担うかもしれないという．母親のメンタルヘルスの不調は，低所得や，さらなる子どものアウトカム不良と関連を持つ．子どものアウトカム不良と相関の強い，発達に関わる因子は，低所得の母親の厳しいしつけ，人生経験に関し努力やモチベーションよりも運や運命を重視すること[8]，そして母乳育児率の低さである．著者たちは，観察データを用いており，因果関係は推定できないと明言している．しかし彼らの分析は，介入の潜在的なターゲットについてヒントを与えてくれる．彼らは 1 つの成果に大きな効果を与える介入よりも，幅広い成果にそれなりの効果をもたらす介入に焦点を当てたほうが望ましいかもしれないと述べている．彼らはまた，「行動」と成果の間にある関係だけでなく，その行動が低所得の家族の間でどれだけ集中してみられるのかという度合いの考慮も重要だと強調している．

### 家族の安定性と人間関係

　家族構造と，子どものウェルビーイングの不安定性との関連について，近年多くの研究がみられる．結婚と安定した家族関係の大切さは，保守党のマニフェストや政策に強くみられる特徴である．実際，社会正義センターによって作成され，反響を呼んだ報告書『壊れたイギリス（Breakdown Britain）』

において，崩壊を引き起こす 5 つの主たる動因のうち，家族の崩壊がその 1 つだとされた（第 4 章を参照）．結婚は，子どもの教育や社会情動面の望ましいアウトカムと関連性がある．しかしながら，財政研究所（IFS：Institute for Fiscal Studies）は，婚姻関係にある親のもとで生まれた子どもと，同棲する親のもとで生まれた子どもとの間にみられる認知発達および社会性や情動の発達の差について次の点を明らかにした（Crawford et al, 2013）．それは，婚姻関係にある親といっても様々なタイプの人が含まれており，結婚そのものが家族関係の安定性や児童発達に影響を与えたというよりも，婚姻関係の有無という統計の取り方が結果に大きな影響，ないしすべての影響を与えた（つまり選抜バイアスであった）という点である[4]．

　21 世紀コホート研究（MCS）を用いた最近の研究（Fitzsimons and Vil-ladsen, 2018）は，（既婚・同棲を問わず）親の離別を経験した子どもの 16 ％ は情緒面での問題を経験する傾向が強くみられ，8％ は行動上の問題を経験する傾向が強いことを示している[9]．また離別のタイミングも重要である．子どもが 3 歳から 5 歳という早い段階での別れは，子どもへの短期的効果はゼロであり，少女に対する中期的な効果について，弱いエビデンスが認められるだけである．しかし，より後の児童期中期（7 歳から 11 歳）での離別は，少年および少女の両方で内在化問題行動が認められ，さらに少年のみに外在化問題行動が認められることとも関連性がある．父親が世帯から抜ける際，とりわけ子どもの年齢が高いと所得の急激な減少が生じ，また親の離別は，母親のメンタルヘルスへの悪影響と関連があると研究では示されている．

　Schoon et al.（2013）の研究も 21 世紀コホート研究（MCS）を用いて，子どものウェルビーイングに与える初期の影響を調べている．彼らは，貧困，とりわけ慢性的貧困が，他の要因に加え 5 歳時点での低い認知能力や行動発達と関連をもつことを突き止めている（これについては 54 ページでさらに詳しく考察する）．しかし彼らはまた，家族構造と不安定性が，とりわけ感

---

4）　この研究では母親の要因が指摘されており，それは結婚する前から存在するものだとしている．

情調整[5] と行動調整に独立した効果を与える点も明らかにしている.

　離婚や離別の一貫した増加を考慮すれば,それが子どもと別居中の親との面会にどのような影響を与えるのか,また別れた母親と父親の子育ての様子について知ることが重要となる.Faux and Platt（2015）は,離別した父親の 10 人中 8 人は自分の子どもと面会しており,面会の度合いは高いことを明らかにしている.また離別前に父親が子どもと関わる機会の多さと,別れたあとの子どもと面会する頻度の高さには相関性がある[6].社会経済的地位も面会の有無に影響を与え,社会経済的地位が低いグループは面会の頻度がやや低い.離別する母親は,産後うつを経験したり,子どもに行動上の問題がある割合が高い傾向にあり,そのため自分が親として適格だとあまり感じられなくなる（Faux and Platt, 2015）.以上から,父親に対し子育てへの関与を促す政策は,共に過ごす親たちだけでなく,別れを選ぶ親たちにも役立つと示唆される.またこれと同じく大切な点として,離別のあと,子どもの行動上の問題に加え,母親と父親のメンタルヘルス面の必要（ニード）に取り組まねばならない.

　これまで述べた諸研究の知見から,政策は伝統的な家族形態に戻るよう促すべき,という示唆が得られたようにも思える.しかしすでに第 2 章で明らかにしたように,それは家族形態のさらなる多様化と意識の変化という長期的な傾向を無視している.そうではなく家庭内摩擦がみられる際は,親の人間関係の質,母親のメンタルヘルス,そして子どもの社会性や情動の発達という,これら 3 つを支援する介入に絞ることが,より実りある政策の方針となるだろう.出産の先送りと,住居,学校教育,チャイルドケア,雇用といった,児童期の生活における他の側面の安定性の改善が重要となる.

　最近では,家族構造そのものよりも,親どうしの関係の質に政策の焦点がシフトした.子どもの成果に対し,親の関係の質が重要であることを取り上

---

5）例えば試験で低い点数をとってネガティブな気持ちになったとき,それを我慢して一層努力するか,あるいはあきらめてしまうかという,感情の調整に着目するもの.

6）父と子の関わりには,本の読み聞かせや寝かしつけなどが含まれる.

図3.2　家族ストレスモデル

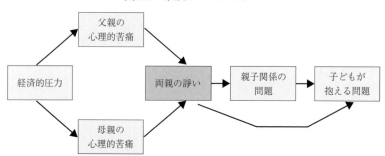

出典：Acquah et al (2017)．

げた新しい研究（Harold et al, 2016）に加え，変化する人口構成，非伝統的
家族に対する認識が，この重要な政策のシフトを後押しした．親どうしの関
係の質（カップルが一緒にいるか否か）に関する研究は，それが児童発達と
その後のライフチャンスにかなりの影響を与えてきたことを示している．頻
度が高く，激しく，そして円満に解決されることのない親どうしの諍いは，
子どもの心身の健康から学業成績に至るまで，一連の子どもの成果に悪影響
を与えうる．「暴力たる沈黙」の連続とは，諍いが必ずしも明らかな暴力で
ある必要はなく，未解決かつ沈黙状態の諍いもまた，ダメージを与えうると
いう事実を説明している（Harold et al, 2016）．家族ストレスモデル（Family
Stress Model）は，親どうしの関係の質が，子供の成果に直接，そして子育
てを介して間接的に影響を与える様子を示している（図3.2を参照のこと）．
未解決の親どうしの諍いの度合いが高いと，共同養育は難しくなり，子育て
への介入が成功する見込みも低くなる．親どうしの諍いは，母子関係よりも
父子関係にとって破壊的なものとなる傾向がある．そのとき，父親は親子関
係から身を引きがちであり，母親は親子関係に過剰に関与する可能性が高い
（Harold et al, 2016）．父親よりも母親の方が，自らのパートナーとしての役
割と，親としての役割をうまく切り離せるかもしれない．親たちはまた，家
族内摩擦がある状況で，自分とは逆のジェンダーの子どもに一層ネガティブ
な態度で接するかもしれない．そうすると，子どもは自分と同じジェンダー

の親に，より強く共感するだろう．こうした摩擦は少年と少女の両方にダメージを与える一方，彼/彼女らの反応は異なる．家族のストレスは，発達初期段階の少年の外在化問題行動と関連があり，青年期の少女の内在化問題行動のリスクの高さと関連している（Harold et al, 2016）[10].

　驚くに当たらないことだが，両親がともに無職の家族ほど，親どうしの軋轢による苦痛[7] が生じやすい．雇用年金省のデータによると，共働きの家族と比べ，両親が無職の家族では，そうした苦痛を訴える者がおよそ3倍多くみられるという（DWP, 2017a）．また両親が無職の家庭の子どものうち，4分の1以上（28%）はこうした苦痛があると報告している．発展的研究では，貧困と経済的ストレスが親どうしの関係の質にどのような影響を与えるのか，またそれにより，子どものアウトカムはどのような影響を受けるのかが考察されている（Acquah et al, 2017）．これは家族ストレスモデルでとらえられる（図 3.2 を参照のこと）．縦断エビデンスは，経済的プレッシャーが親たちのメンタルヘルスに影響を与え，今度はそれが人間関係の問題と，養育の困難をもたらしうるとしている（Masarik and Conger, 2017）．養育の困難には親の感受性の低下や，自分の子どもとふれあう時間の減少が含まれ，それが一層過酷な子育ての実践へと繋がりうる．そして，その過酷な子育ては，子どもや若者の将来の苦境と結びつく．

## 3.　貧困と社会経済的地位

　社会経済的地位（SES）を通じてみた諸要素と，教育，健康，社会性の発達，行動発達を含む子どものアウトカム不良には，強固な**相関関係**がみられることが幅広い研究で示されている．社会経済的地位を五分位でみると，下から20% にいる子どもは，下から20%～40% にいる子どもより成果が低い

---

7〕　親のうちいずれかがほとんど，ないし常に離婚を考えている，一緒に暮らすことを後悔している，口論になる，ないしパートナーのことを聞かれ苛立ちを覚えることを指す．

傾向にある．五分位で最も上にいる者たちは，子どもの就学準備の指標で最も高いスコアをとる可能性が高い．また語彙や行動上の問題および多動性について，それぞれ社会経済的地位との相関関係が認められる（Washbrook and Waldfogel, 2008）．若い親たちは，もしかするとこれから収入が上がる可能性のある職に就いたばかりのため，低所得なのかもしれない．さらに，これは社会経済的地位が低い家族出身の子ども全員がうまくやっていけないとか，あるいはまた，豊かな家族的背景をもつすべての子どもが必ず成功するということを意味しない．むしろ，うまくやっていくチャンスのうち，生まれた家族の社会経済的地位が作り出すのはその一部だということを意味している．児童期の成果に関する社会経済的地位との相関関係の存在は，ただ最貧の子どもだけに対象を絞らない政策対応の必要性を意味する．

　一連の子どもの成果を形づくる他の要素から，所得格差による貧困だけを取り出すのは難しい．Schoon et al（2013）は，家庭の所得が，これまで関連性が認められたリスク要因（出産年齢，親の学歴，社会階級，無業状態，住宅所有形態，家族の不安定性，地域はく奪，きょうだいの人数）に加え，子どもの認知発達，行動発達とも関係があることを明らかにしている．困窮のタイミングや期間は重要である．具体的にいうと，最も大きな影響を与えるのは，慢性的貧困の場合と，子どもが1歳未満で貧困を経験した場合である．より低い認知スコアは，貧困の度重なる出現，そして生後1年未満で貧困以外の別のリスクにさらされることと関連がある．リスクの数の積み重ねが，子どもの成果に最も甚大な影響を及ぼす．ただし重要なのは，低所得が子どもの成果に与える負の影響の削減と関連する，数多くの保護因子の存在である．この因子には，出生時体重，粗大運動発達，あたたかな親子のやりとり，規則正しい就寝時刻，子どもへの読み聞かせ，図書館の利用，そして，近隣の友人や家族と共に育児をするのに適した地域に住むことなどが含まれる．母乳育児は，とりわけ子どもの認知スキルにとって重要であり，子どもの行動発達との関連では，母親のメンタルヘルス，規則正しい就寝時刻，そして厳しすぎない子育てする際のしつけが大切だと分かっている．公的お

よび（たとえば祖父母が担う）私<sup>インフォーマル</sup>的なチャイルドケアもまた，重要な保

護因子である．子どもが成長する際の，より広い社会的環境が，彼/彼女ら
の発達にとって重要な役割を果たす．著者たちは，広範囲にわたる予防アプ
ローチを提案している．それは子どもの，認知発達，情動の発達，社会性の
発達，生物学的発達に加え，生活環境を取り扱うアプローチである．

　Cooper and Stewart（2017）の最新の研究によると，家計所得が子ども
の成果に独立したインパクトを与える．つまり「お金それ自体が重要であ
る」．彼女らの研究は，それ以前の国際的研究のレビュー『金銭は子どもの
成果に影響を与えるか？　システマティック・レビュー』（Cooper and
Stewart, 2013）に基づいている．そのレビューでは，ランダム化比較試験
（RCTs），準実験デザイン（QEDs）ないし縦断データ分析を合わせ，合計61
の研究が用いられている．これらを取りまとめることで，著者たちは所得と
子どもの成果の間にある**因果**関係を証明できた．エビデンスとして，家計所
得のインパクトはとりわけ子どもの認知発達と学業成績に強くみられ，それ
に続いて，社会性の発達，情動の発達，行動発達および身体の健康への影響
がみられた（Cooper and Stewart, 2017）．著者たちは，所得が**中間**因子を
通じ，子どもの成果を形成するかもしれない様子を考察している．彼女らは
所得の増加と，良質な家庭学習環境との関連性を見つけ出している．良質な
家庭学習環境には，家庭でのさらなる認知刺激（計画的な家族での外出な
ど），親の応答性，監督が含まれる．また，より多く母と子が一緒に行動す
ること，そして親のストレス減少も含まれる．あるアメリカの研究によれば，
（追加的な子ども支援支払いを通じて）さらなる所得を得た家族では，児童
虐待のリスクは減少した（Cancian et al, 2013）．またイギリスの研究では，
家計所得の増加が母親のメンタルヘルスを改善した一方，貧困への転落はメ
ンタルヘルスの悪化と関連性があるという強力なエビデンスが提示されてい
る（Wickham et al, 2017）．所得が，母親の身体的健康や行動に与えるイン
パクトは，どのアウトカムを見るかによってさまざまである．彼女らが，十
分な食料を買うだけの所得の重要性について強力なエビデンスを示している

のは驚きではない．著者たちはまた，「最も頑健な研究からの〔所得の〕効果〔量〕は，学校や幼児教育介入への支出の効果量と似たような規模である」（Cooper and Stewart, 2017）点を明らかにしている．彼女らはまた，家庭の所得を増加させる政策は，子どもに加え家族全体に便益をもたらしうるのであり，これは子どものみに焦点を当てた政策への投資では起こりそうもないと論じている．

Cooper and Stewart（2017）は所得が**どのように**子どもの成果に影響するかを説明するために，2つの理論——彼女らがいう投資モデルと，本章で述べた家族ストレスモデル——を用いている．投資モデルとは，児童発達を支えるために，親にはお金が必要だというシンプルなものである．これにはおもちゃ，本，旅行，遊んだり学んだりするスペース，栄養のある食事が含まれる．家族ストレスモデルとは，先述の通り，お金の不足が親たちにストレスをもたらし，それが彼/彼女らのメンタルヘルスに影響を与え，ひいてはそれが子育ての仕方に負のインパクトを与えるというものである．経済的困窮とプレッシャーは，心理的苦痛をもたらしうる．心理的苦痛は，親どうしの関係と親子関係に影響を与える．そしてこの人間関係のストレスが，子ども・若者の成果に影響するのである．

Cooper（2016）による最近の研究では，所得レベルにより子育てはどう変化するかという点に着目し，経済的困窮，子育て，および子どもの成果の関係性がさらに深く洞察されている．彼女は母親の学歴と就業状況をコントロールし，（報告した所得に関係なく）母親の大部分は「われわれが善いと述べるであろう方法で子育てをしていた」ことを明らかにしている（Cooper, 2016）．子どもの書写や数学を手伝ったり，公園に連れていくといったいくつかの分野では，暮らし向きの良い母親よりも，低所得の母親のほうが，その頻度は高かった．しかしながら，計画的な外出，テレビをみる時間，栄養[11]，きちんとした時刻に就寝する習慣などの部分では，低所得の母親の方がうまくできていなかった．こうした違いは，困窮について別の尺度を用いたときも依然としてみられる．クーパーは，負債，はく奪，貧しさの実感を

困窮として定義し，困窮と母親のメンタルヘルスや人生の満足度との間に負の関連性を見つけ出した．これらはまた，子育て行動の悪化をもたらす．しつけや遊びへの参加といった子育てのいくつかの側面では，母親のメンタルヘルスと困窮との関係は完全に説明される．規則正しい食事や就寝時刻といった他のアウトカムでは，メンタルヘルスと親どうしの関係が，その関連性のおよそ半分を説明する．彼女は，家族ストレスモデルが困窮といくつかの養育行動との関係を一定程度説明し，投資モデルがその他の部分を説明すると結論付けている（Cooper, 2017）．ここから，貧困を削減する政策は，母親が自らの抑うつに立ち向かう手助けにもなるという示唆が得られる．

　第 3 の理論は，貧困が，親の注意や認知（理解・判断など）面の努力に与えるインパクトに着目し，社会経済的不利，養育スタイルと人間開発の関係性を探求するものである（Cobb-Clark et al, 2016）．貧困，家計上の困難，そしてそれに関連する困窮に対峙する親たちは，子どもの世話であったり，子どもへの関与や観察を可能にするだけの認知の余力をあまりもたないという．

　したがって，所得移転は，子どもが物的および社会関係面の資源へアクセスするうえで，貧困がもたらす直接的な負の効果に対処するだけでなく，親の心理的ウェルビーイングや認知の余力に対し貧困がもたらす負の効果を緩和するうえでも重要である．効果的なカップルへの支援や子育て支援もまた重要な役割を担っている．

### 高いリスク下にある家族

　貧困が子どもの成果に与える影響を考えれば，われわれは，貧困の範囲と深刻さについて特に気をつけねばならない．政府は 2016 年に子どもの貧困目標を廃止したが，様々な所得の閾値未満で暮らす子どもの数についてのデータは引き続き公表されている（DWP, 2019）．2017/18 年に貧困状態（当該年度の住居費控除後の中位所得の 60% 未満で暮らすと定義）の子どもは410 万人おり，すべての子どもの 30% であった．これよりも相当程度少な

58

いが70万人（5%）の子どもは，深刻な物質的はく奪かつ低所得の状態（住居費控除前の中位所得の50% 未満と定義）にある．ジョセフ・ラウントリー財団（JFR, 2018）による極度の貧困についてのサーベイによると，2017年の時点で極度の貧困状態にあるのは150万世帯であり，そこに暮らす子どもの数は36万5千人に上る．J.ラウントリー財団は，6つの必要不可欠なもの（住まい，食料，暖房設備，電灯，衣服と靴，必要最小限の洗面道具）のうち，過去1か月に買う余裕がなく，その2つ以上を欠いた人々を極度の貧困と定義している．これは，債務の支払い，不十分な給付，健康上の問題から生じる．極度の貧困は，はじめてサーベイされた2015年から25% 減少しており，J.ラウントリー財団はこれを，給付面の罰則の縮小[8]，雇用の増加，移民の減少のためとしている．移民は，とりわけ極度の貧困に陥りやすく生活基盤の弱い存在である．

　低所得，物質的および非物質的はく奪，その他のアウトカム不良と関連をもつ家族特性を含む，複合的はく奪を経験するのは一部の子どもたちである．第4章で論じるように，直近20年間のすべての政権は，**高リスク・高コストな家族**に関心を寄せてきた．また，そうした家族を判別し，支援する方法を探ってきた．ここでは，公共政策やサービス提供で広く用いられてきた，子どもと家族が直面する複合的リスクをとらえる4つの方法を検討する．留意すべき大切な点は，それぞれの方法が別々の目的をもって発展してきたことである．以下では，社会的排除タスクフォース（SETF：Social Exclusion Task Force）フレームワーク，雇用年金省（DWP）による無職世帯と相関性のあるリスク分析，子ども期の逆境経験（ACEs：Adverse Childhood Experiences）アプローチ，およびチルドレンズ・コミッショナー脆弱性フレームワークを説明する．

　2004年に内閣府の社会的排除タスクフォースは，複合的はく奪を経験した家族の数が14万に上る――これはすべての家族の2% にあたる――と推

---
8〕　具体的には求職者手当に関する罰則の緩和を指す．

**図 3.3** 「親が抱える家庭の不利」[9] の数ごとに示した子どものアウトカム

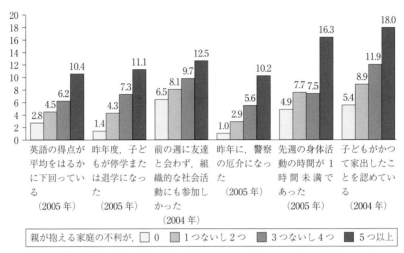

出典：SETF (2008).

定した（SETF, 2007）．図 3.3 は，家族の不利が重なるにつれ，子どものア
ウトカム不良のリスクが増加することを示している．たとえば不利がゼロの
家族で育ち，前年度に学校を停学ないし退学させられた子どもは 1.4％ だが，
不利が 5 つないしそれ以上の家族で育つ子どもだとその割合は 11.1％ にな
る．しかしながら，このデータを解釈し用いる際に 2 つの重要な注意点があ
る．1 つは，家族が直面する不利の数と関連する，貧弱な人生経験をもつ子
どもとアウトカムとの間に**相関関係**がみられたという点である．もう 1 つは，
極めてはく奪度の高いグループに属する子どもであっても，その大部分の子
たちはこのようなネガティブなアウトカムに当てはまらないということであ

---

9〕　親が抱える家庭の不利とは，下記の 7 点を指す（SETF, 2008）．
　　①親が無職者のみの世帯である，②不十分ないし 1 人あたり面積が狭すぎる住居であ
　　る，③親がいずれも資格を持っていない，④母親がメンタルヘルスの問題を抱えてい
　　る，⑤少なくとも 1 人の親が長期にわたり生活に支障のある病気・障害ないし慢性病
　　の状態にある，⑥家庭が低所得である（中央値の 60％ 未満），⑦食料や衣服を十分に
　　買う余裕がない家庭である．

る．図 3.3 から分かるように，5 つないしそれ以上の不利をもつ家族の子ど
もの 10% が前年度に警察の厄介になった一方，90% はそうではなかった．
同じく，その子らの 18% が家出をしたが，82% はそうしなかった．加えて，
リスク要因ゼロの家族で育つ子どもでも，その一部は，依然としてアウトカ
ムは不良であった（SETF, 2008）．

　政策立案者がこうしたデータを用いることには問題が多かった．5 つない
しそれ以上の家族の不利がある子どもは複合的はく奪であり，家族の不利が
4 つ以下の子どもはそうでないという明確な分け目の存在が想定されるよう
になった．公共政策では，14 万の家族という括りが困難家族プログラム
（Troubled Families programme）のターゲット・グループとして定着した．
事実，その数字はそれぞれの地方自治体が取り組む家族のターゲット数に切
り分けられた．グループは厳密に定義され，また移り変わるものではなく，
従ってその特定グループさえサポートできれば，もはや引き続き支援を必要
とする家族はいないだろうという仮定はミスリーディングであった（困難家
族プログラムの議論は，第 4 章を参照のこと）．それはまた，複合的はく奪
に直面する家族のもとで暮らす子どもや若者の大部分が，警察の厄介になっ
たり，家出をしたり，学校から停学処分を受けているという不正確な認識に
もつながった．こうした想定は，不十分な政策，サービスの不正確なターゲ
ッティング，絞り込まれる家族が受ける恥辱感というリスクをもたらす．

　雇用年金省が刊行した『生活を改善する：無職家族への支援，分析と研究
パック』（DWP, 2017a）は，労働党の子どもの貧困戦略下で主たる指標であ
った所得から，無職状態，家族の崩壊，債務上の問題，薬物乱用という指標
へ政策がシフトしたことを反映している．この白書は 9 つの国家指標を提示
している．その指標の目的は，家族や子どもの成果に悪影響を与える不利に
立ち向かう取り組みの進捗確認にある．無職家庭のもとにいる子どもには，
自らの長期的成果に悪影響を与えうる不利を数多く経験する傾向がみられる．
所得分布の上位 60% に位置する勤労家庭での親の不利の数は 0.5 をわずか
に超える程度だが，無職家庭の場合は，親の不利が 2 から 2.5 の間になると

考えられる．ここでカウントされた親の不利とは，以下の状況を伴いながら暮らすことを指す．少なくとも1人の親が，生活に支障のある長期的な病および/ないし障害があるとの報告がある．少なくとも1人の親がメンタルヘルスに問題を抱えているとの報告がある．両親ともに十分な資格を持っていない，および/ないし全くもっていない．世帯に債務問題の兆候がある．この4点である．

　子ども期の逆境経験（ACEs）とは，成人期に反社会的行動をとる見込みに加え，心身の健康を害する症状の発生と関連のある，子ども期に経験した精神的負荷のかかる一連の出来事を指す（Bellis et al, 2014）．ACEs には，DV，離別ないし離婚を通じた育児放棄，親がメンタルヘルス条件にあてはまること[10]，身体的，性的，および/ないし情緒的虐待の被害者となること，身体的，情緒的ネグレクトの被害者となること，世帯内に刑務所で服役中の者がいること，アルコールおよび薬物中毒の問題を経験した大人がいる世帯で育ったことが含まれる．あるウェールズの後ろ向き調査では，幼いころのACEs が4以上の大人は，刑務所での服役，心臓病の発症，2型糖尿病の発症，過去12か月以内の暴力行為，および/ないし高リスクな飲酒と薬物使用の傾向が，ACEs が0の大人よりも顕著にみられることが分かった（Bellin et al, 2015）．パブリック・ヘルス・スコットランドのような多くの公共機関は，スクリーニングを行う1つの方法として ACEs を用いている．ACEs への注目は，子ども期のつらい経験，または心的外傷ストレスを受ける経験が，いかにして成人期までの長きにわたり影響を与えうるかという点を把握するための，公共政策やサービスがうまれる大きな原動力となった．しかしながら，このアプローチにも下記のような難がある．それは，ACEs が保護因子（リスクを減少させる要因）ではなく，リスクそのものに着目していること，後ろ向き研究であること，そして ACEs の影響は人によって異なるということである．また ACEs は予測ツールとして用いられることがあるものの，

---

10〕　長期にわたり，日常生活を送るうえで支障がある精神障害を有する状態を指す．

実際にはそのような使い方はできない．この点も重要である（Early Intervention Foundation, 2018）．

　2018 年にイングランド・チルドレンズ・コミッショナー[11]（Children's Commissioner in England）が着手した 4 つ目のアプローチは，子ども期の脆弱性に加え，政府がどこまで複合的脆弱性を認識し，サービスの提供ないし公的な費用負担によって対処しているのかを理解・測定する枠組みである．脆弱性フレームワークは，37 タイプの子ども期のリスク要因に基づいている．イングランドにおいて，かなり複雑な必要（ニード）を持つ家族と暮らす 18 歳未満の青少年は 210 万人おり，そのうち 160 万人は，政府が（脆弱性を）認識したうえで提供するべき追加的支援を受けていない（Children's Commissioner for England, 2018）．分析はデータセットやサーベイを用いて，リスクと脆弱性の集計レベルについて述べており，したがって，1 人ひとりの子どもや家族についてわれわれに何かを教えてくれるわけではない．このフレームワークには，これまで述べてきたフレームワークでは認識できていなかったリスクが含まれる．具体的には，未だ在留資格が認められていない移民の子ども，自らの性アイデンティティが未確立と思われる子ども，強制結婚の危険がある子どもが考慮されている．そのため，これまでの試みのなかでカウントされた脆弱な子どもの数よりも，このフレームワークでの値の方がかなり高くなる．すべての子ども，とりわけ最も生活基盤の弱い子どもの権利を守るために存在する，イングランド・チルドレンズ・コミッショナーが重要な役割を果たすことが，このフレームワークの狙いである．

　それぞれのフレームワークは異なる要因を強調する．そしてその要因は，各フレームワークの目的と，その枠組みが発展してきた政治的文脈を反映している．社会的排除タスクフォース（SETF）フレームワークは，低所得をリスク要因として算入している．それとは対照的に，雇用年金省フレームワ

---

11〕　チルドレンズ・コミッショナーは政府と議会から独立した存在で，子どもと若者と話し，公的機関へ情報提供を求め，調査を実施し，子どもの生命に影響する広範な事柄について情報を蓄積し，エビデンスを集約して発信する立場にある．

ークは無職状態に加え，借金で首が回らないといった，無職に関連するその他の親の不利に注目する．子ども期の逆境経験（ACEs）アプローチは，現在の子どもや家族の生活に関するデータではなく，過去の経験を振り返る大人に依拠する点で他のフレームワークと異なる．ただしその知見には，ライフコースにわたって子どもや大人を追跡した他の研究による裏付けがある．なお子ども期の逆境経験は，アウトカムの不良につながりうる子ども期の要因として，無職や貧困を含めていない．

　政策による解決案を探る際，これらのアプローチはイデオロギー的バイアスを露呈する．子ども期の逆境経験アプローチは，制度の不具合よりも行動要因やメンタルヘルスに着目する．雇用年金省フレームワークは無職状態と親の行動という 2 点を強調し，結びつける．こうして，無職へ注目した結果，直近 20 年で大幅に増えたワーキングプアへの注意から目を逸らしてしまった．すべてのフレームワークは，サービスの計画やコミュニティのニーズの規模を理解するうえで有用である．しかしながら，そのどれもが貧困の動態的な性質を考慮していない．これらのフレームワークは，より幅広い環境的・構造的不具合を探すよりも，個人を責めるために利用可能であり，実際にそう用いられたこともある．本書を通じてわれわれが主張するように，家族へのプレッシャーを増やす制度的要因と，親や子どもの潜在能力の発達支援の両方に目を向けることが極めて重要である．

　施設養護を受け生活する者など，最も不利な状況にある子どものなかには，子どもの貧困や複合的な不利に関する社会統計から抜け落ちている者がおり，これを心に留めておくことが肝要である．この欠落を修正する手助けとなるよう，社会的排除分析センター（CASE）は，「見えない」ないし抜け落ちた子どもを考察する研究に取り組んでいる．ここで着目されているのは，ロマ，ジプシー，トラベラーの子ども，近年移民となった家族の子ども，ヤングケアラー，そして虐待やネグレクトの危険がある子どもである（Burchardt et al, 2018）．最も生活基盤の弱い者を含むすべての子どもの必要（ニード）の全体像を把握するとともに，われわれは政府およびその他が子どもたちの必要（ニード）に応える

よう促すべきであり，そのためには統計から抜け落ちる子どもたちの数や経験を文書に記録できるようにしておくことが重要である．

　貧困とその他の不利がいかに結びつくかを測り，理解する様々な手法は，複雑かつ顕著な（そして多くの場合，固定化された）困難を有する家族を明確に浮き立たせる．そして，そうした困難は，子どもの経験やライフチャンスの形成に深く関係している．しかしながら，複数かつ重なり合うはく奪，または子ども期の逆境経験（ACEs）に直面する子どもは，相対的にみるとすべての貧困状態の子どもの一部に留まる．したがって様々な定義を区別することが重要となる．具体的には，いま貧困状態の子どもたち，慢性的貧困の状態にある子どもたち，複合的はく奪に直面する子どもたちは区別される．それぞれの貧困形態が子どもの生活や将来に与えるインパクトは異なっており，したがって様々な政策対応が求められる．また，政策は家族生活の動態的な性質を考慮する必要がある．家族やコミュニティの支援と一緒に提供される，持続的かつ個々に応じた公共サービスは，貧困家庭のうち少数派が直面する深刻かつ継続的で複合的な諸問題に対処するうえで，適切な対応である．しかしその一方で，貧困に陥ったばかり，あるいはその危機に直面している幅広い子どもや家族グループに届く政策も等しく必要である．

## 4. 結論

　子どものアウトカム不良は，社会経済情勢，親の資源（財力，社会階級，教育），そして子どもの現在の環境に影響する一連の中間因子とのあいだで生じる，複雑な相互作用の結果だということは明らかである．子どもの成果の不平等は児童生活の初期からはっきりとみられ，多くの場合，児童期および青年期も，それが継続する．そして，のちに大人になった際のアウトカムを形づくる．不利についてこうしたパターンがあるものの，すべての子どものライフチャンスを改善する大きな見込みはある．家庭学習環境に加え，親の所得，社会経済的地位，学歴の相対的な重要性についてのエビデンスは必

ずしも一様ではない．しかしながら，それぞれが子どもの成果にとって重要なのは明らかである．家族の不安定性と離別もまた，貧困およびはく奪と密接につながっているが，いくつかの子どもの成果には独立したインパクトを有している．プラスのインパクトを最大化するため，政策，サービス，介入は全体主義的なものとなる必要がある．それは，社会経済的要素に対処しつつ，たとえば母親のメンタルヘルス，カップルの支援や子育て支援，良質な幼児期サービスといった家族的要素（これらはプレッシャーを減らし，潜在能力を向上させる）にも対処するということである．そうした政策，サービス，介入はまた，児童生活の初期における困難に対処せねばならないが，児童期，青年期，そして成人期への移行時にも対策が必要である．ここで用いたエビデンスは公共政策を作り出すうえで重大な役割を担っている．第 4 章では，歴代の政権が貧困下にある子どもと暮らし向きの良い同学年集団との間でのハンディをなくすため，何をしようと努力してきたのかを考察する．

### 注

1　ランダム化比較実験は，介入とアウトカムとの間に因果効果の関係があるか否かを決定づける最も頑健な方法である．特定の介入をテストするため，似通った状況にある相当数の人々を 2 つ（ないしそれ以上）のグループに無作為に割り当てる．一方のグループ（実験群）は介入がテストされ，もう一方のグループ（比較群ないし対照群）は介入を行わない．そののち，実験介入がそれほど効果的であったかをみるため，両グループを追跡調査するものである．

2　準実験デザインは無作為な割り当てを行うことなく，ターゲットとなる人々に対する介入の因果関係のインパクトを推定するために用いられる研究である．経年的な変化をみる観察研究がこれに含まれる．

3　ファインシュタイン氏自身の分析における方法論的問題と，異なる年齢で子どもの認知スキルを一貫して測定することの難しさに関し，アカデミックな議論はFeinstein（2015b）参照のこと．

4　以下を参照．https://www.eif.org.uk/blog/childrens-development-and-family-circumstances-exploring-the-seed-data

5　この研究が行われた際，MCS の最新データは 11 歳児調査であった．

6　以下を参照．https://cls.ucl.ac.uk/poor-mental-health-is-more-prevalent-among-teenage-girls-from-poorer-backgrounds-new-findings-show/

7　以下を参照．www.nytimes.com/2019/02/07/opinion/helicopter-parents-economy.html

8　「統制の所在（locus of control）」とは，自らの経験をもたらす原因は何か，また，どの程度まで（自分ないしそれ以外が）自らの成功や失敗に寄与するのかに関する信条を指す．自らの成功を運や運命に見出す人は，外的統制をもつ者であり，成功を自らの努力やモチベーションに見出す人は内的統制を有している．

9　BBSラジオ4アナリシス「既婚の両親のもとにいる子どもの方が，よくできるのか」2019年2月10日参照．以下で聴くことができる．www.bbc.co.uk/programmes/m0002b9z

10　親の離別が子どものメンタルヘルスに与える影響に着目したFitzsimons and Villadsen（2018）と比べ，Gordon et al（2016）の研究によると，親どうしの諍いが子どものメンタルヘルスに与える影響は，ジェンダーによってやや異なることが分かった．この点について注意が必要である．

11　とりわけ，子どもが週に何回，朝食をとったか，そして毎日どれほど果物を食べているかが重要である．

# 第**4**章

# 政府の役割：変わりゆくビジョン

　本章では，直近20年にわたる家族政策が，子どもの成果をいかに改善しようと試みてきたかを検討する．具体的には，政府の政策が，どのように世論や政治的イデオロギー，そして研究エビデンスに応答して作られたかを述べる．各々の政権が異なる展望を持つ一方，政権と政権の間に連続性がみられたり，同じ政権内でも重点に違いが出る場合もあることを確認する．第3章で述べた研究は，貧困下にある子どもの成果を改善するアプローチを考案するために用いられ，しばしば誤用もされた．政策は，家族へのプレッシャーを削減するか，潜在能力を築く，もしくはその両方を行うために立案されていた．第5章では，こうした政策が機能したかを評価する．

　長きにわたり保守派が優勢な時代においては，主に家族や家族内での母親の役割に対して慣習的な態度がとられていた．しかし1997年の労働党勝利の選挙がこれに終わりを告げた．その後の変化の規模を理解するためにも，まずは1997年の選挙以前によくみられた社会一般の認識を簡潔に示すことが重要である．1992年の保守党のマニフェストは親や家族についてほとんど何も語っていない．民間部門とボランタリー部門によるチャイルドケア提供は，イギリスの制度の主たる強みになるとみられていた．幼児教育に関する記述は，まったくみられない．チャイルドケアは，女性と多様な担い手[1]のセクションに含まれており，チャイルドケアの責任は女性にあるという見解が反映されている．シングルマザーに迫る困窮は関心事である一方，母親

---

1〕　民間部門とボランタリー部門を指す．

の雇用に対する公的な見解をふまえ，保守党政権は女性の労働参加の促進よりも，別居した男性に対する子ども支援の追及を優先した．そして確実に父親が子どもの養育費を払うよう，1993 年に児童扶養庁（Child Support Agency）が設立された．これは，国家が家族政策の役割を担う兆しとなった．特に父親を追跡できない場合は，置き去りにされたシングルマザーと子どもに対し，さらなる福祉制度が必要になることを意味していた．また両親に対し，児童扶養庁は親の責任を強化した．それは両親の役割についての幅広い見解というより，主に金銭的責任に絞ったものであったが，父親が家族政策の一翼を担うことを示唆していた．

　政策は，母親の有償労働への参加に関して中立的であった．チャイルドケアの費用を税控除に参入することへのコミットメントはあったものの，新たなチャイルドケア提供の兆しはなかった．事実，1996 年のチャイルドケアのバウチャー案の導入では，親たちがボランタリーおよび民間市場で，より多くの選択肢の中からチャイルドケアを選べるよう計画されていた．当時の政府は，親たちの需要が量を押し上げ，親による選択が質を上げると想定していた．保守党政権はまた，貧困を定義する試みを拒否した．1989 年 5 月11 日に，当時の社会保障大臣であったジョン・ムーアは，その有名な「貧困ラインの終焉」演説で，絶対的貧困はもはや存在せず，相対的貧困は，実際は不平等を指すと述べた．家族は貧困状態にあるというよりも，「低所得」であると説明された．この点において，保守派は，国家の役割は 1989 年児童法で打ち出されたものに限られると考えていた．それは，うまく介入できないと子どもに著しい危害がおよびうる場合に限り，国家は介入すべきということであった[2]．とりわけアウトカム不良に陥る危機に瀕した子どもが国家の保護下におかれぬよう，地方自治体は，**支援が必要な子どもを見極め**，

---

[2] 1989 年児童法により，親が子どもに対して行使しなくてはならない親責任 parental responsibility が法概念として規定された．イギリス政府の出した指針では，親責任を持つ大人の最も大事な役割は，子どもに住むところを与えること，そして子どもを守り，扶養することとされている．それ以外にも子どものしつけや，教育についての選択を行い，教育を与えることなどがその責任に含まれている．

追加的なソーシャルワークで支援を行う義務を有した．1997 年になっても，ジョン・メージャーによる保守党のマニフェストの前書きには，**家族生活への介入は最低限に留める**という意図が明確にみられる（Conservative Party, 1997）．

　しかしながら，新労働党（ニューレーバー）の家族政策の下地を作る，かすかな変化の兆しも存在した．とりわけ大企業の雇用主による，機会均等アジェンダへの関心が高まっていた．1992 年に，ジョン・メージャー首相（当時）の後ろ盾を得て，エルスペス・ハウを議長とする機会均等 2000（Opportunity 2000）が，ビジネス・イン・ザ・コミュニティ（BITC）によって設立された．その目的は，企業や公的機関の責任ある立場に占める女性の割合の増加にあった．教育省でのジリアン・シェパードの影響力は，幼児期アジェンダをもたらす手助けとなった．すなわち，チャイルドケアのバウチャーに加え，国営宝くじから 2 億 2,000 万ポンドが校外イニシアティブ（Out-of-School Initiative）に投じられた．この取り組みは 2003 年までにイギリス中で 86 万 5,000 人の子どもたちに学校外でのチャイルドケアの場を作ることを目的としていた．イギリスはマーストリヒト条約の社会政策条項についてはオプト・アウト（適用除外）したものの，条約の批准および 1993 年の欧州連合の創設は社会政策の分野での大きな転換点となった．

## 1.　ニューレーバーと積極的家族政策：1997-2010 年

### 基礎の構築

　1997 年の労働党の地滑り的勝利は，社会政策の広範囲にわたり，さらなる介入主義的アプローチをとる契機となった．そして，その多くは家族政策と関連性のある分野，すなわち教育，就学前幼少期，若者の犯罪，チャイルドケア，健康，雇用についてであった．左派系シンクタンクの公共政策研究所（IPPR：Institute for Public Policy Research）は，ニューレーバーの政策プログラムの発展に寄与してきた．「税と支出」パッケージが敗因とされる

1992 年の労働党敗北の後，当時の党首であったジョン・スミスにより，意欲的な経済・社会改革のアジェンダを発展させるべく，社会正義委員会が設けられた．『社会正義―国民的再生のための戦略』（Commission on Social Justice/IPPR, 1994）は，経済面での成功と社会正義は密接に関わっていると論じた．サッチャー時代の規制緩和論者とオールドレーバーの急進論者は拒絶され，投資国家に賛意を示した．これは，普遍主義的な保育・幼児教育から生涯学習に至るまでの教育の根本的拡大，ひとり親や長期失業者に行き届く仕事・訓練・教育戦略，国定最低賃金，そして仕事と家庭における女性のライフチャンスの社会革命と呼ばれたものを意味していた．

　労働党は，経済運営に関する自らの適性を証明せねばならず，前保守党政権が選挙後 2 年間に行うと計画していた公的支出プランを受け入れた．それはひとり親向け給付の金額を据え置き，年金はわずか 5％ のみ増額するというものであり，両者とも激しく批判された．政府の中枢部において首相専属戦略事務局（Prime Minister's Strategy Unit）が発足し，より明確な国家の役割と，政策策定の設計を行うべく，エビデンスの利用と社会問題の分析が強調された．労働党は成長経済を引き継ぎ，政権を担うほとんどの期間において，その先行きは一層明るく，2008 年の世界的金融危機まで税収は伸び続けた．強い経済と議会で圧倒的多数を占めるという状況が重なったことで，社会プログラムは財源面でほぼ増税や借入をせずに実施可能となり，公的にその再分配の論証をする差し迫った必要性もなかった．

　女性の就労に対する認識の変化と，すでに下院に当選した多数の女性議員の力強い声が，ジェンダー平等を政治課題に押し上げる一助となった．1997 年の労働党のマニフェスト（Labour Party, 1997）は，より多くの母親が働けるよう，包括的なチャイルドケア戦略を公約に掲げた．チャイルドケアに関する労働党の政策は，3 つの主たる政策目標の達成を目指していた．具体的には，**女性の機会均等の改善，子どもの貧困の削減，そして 4 歳児への無料かつ普遍的な幼児教育の提供による教育成果の改善**の 3 つであった（強調は訳者）．代々の政権はこの 3 つの目標の緊張関係に取り組んできた．労

働市場参加のために，保育サービスは柔軟かつ手頃な料金でなければならない．（とりわけ低所得家庭の）子どものライフチャンスを改善するには，幼児教育が高品質であり，定期的かつ一貫した形で提供される必要がある．当時の政府は保育・幼児教育への投資を増やした一方，財源の多くを，質を築くうえで重要な要素となる労働力の資格や賃金の改善よりも，3・4歳児および一部の2歳児の無料時間の拡大に充てた．これは当時，女性の労働市場への参入可能性のさらなる底上げが保育拡大の主たる目的だとする財務省の見解が優勢であったことに起因する．直接国家が提供する形での保育サービス供給増というよりも，低所得家庭向けチャイルドケア税額控除[3]を通じた需要喚起に，政策の力点が置かれていたのである．在職中の大臣にとって任期は限られており，彼/彼女らはそこで達成したことの証明を望む．3つの目標のうちどれが最も重要かを決めるとき，政策がその目標を達成したと分かるために必要な時間の長さが関係するのかもしれない．保育が手頃な価格で使いやすいものへ改善された結果，労働市場参加にどれだけのインパクトを与えたかについては，議会の会期内に比較的容易に測定できる．一方，幼児教育と保育の質の改善が，子どものライフチャンスに正のインパクトを与えたか否かを測ることは難しく，証明するまで時間もかかる．

　政策が3つの目標すべてに対し確実に応えるよう力を尽くしてはいたものの，政党の優先順位は，時とともにシフトしてきた．これは，政府の各省庁内での優先順位や，複数の省庁間での優先順位が変わるのと同じである．2001年に，雇用年金省（DWP）が設置され，それまで教育雇用省（DfEE：Department for Education and Employment）が担っていた雇用の責務を引き継ぐことになった．それぞれの責務を新しい省に移行する交渉の中で，保育も教育雇用省（DfEE，名称は教育・職業技能省 Department for Education and Skills［DfES］に変更された）から外して，雇用年金省へ移すべきという提案が存在した．これは反対されたが，十分な保育サービスなしに女性の労

---

3〕　実質的には保育サービスにかかった費用の大部分を政府が補助することを意味する．

働力参加という目標は達成できないという見解が，いかに強力だったかを物
語っている．貧困と，子どものアウトカム不良との直接的な関係性について
第3章でみたエビデンスを前提とすれば，雇用が，子どもの貧困の削減およ
び子どもの成果の改善への確かな道だとみなされたのは理に適うものであっ
た．

　ニューレーバーは，保育・幼児教育を超えた幅広い家族政策の問題にも関
心を寄せた．当時の内務大臣であったジャック・ストローも家族政策の責務
を有していた．『家族を支える』（Home Office, 1998）は，家族生活を強固
にすることが重要という見解を新政府が初めて提示したものであった．家族
形態の継続的変化を認識する一方，家族のあり方を説かないようにしていた．
そこでは3つの原則が定められた．すなわち第一に，次の世代が人生のベス
トなスタートを切れるよう保証するため，子どもを最も重要な関心事とする
こと．第二に，結婚を**子育ての確固たる基礎**として捉え，子どもには安定性
や安心/安全が必要であるということ．そして第三に，すべての親が自らの
子を養えるよう支援することであった．全国家族・子育て研究所（National
Family and Parenting Institute）に加え，新たに全国子育て・悩み事電話相談
制度が設けられた．労働党の政策は，結婚を支援しつつも，未婚のカップル
やひとり親にスティグマを与えないという紙一重の差異に足を踏みいれた．
内務省は**家族**に着目したが，教育・職業技能省（DfES）と財務省は子どもを
重視した．実際は，政策の主たる対象は子どもとなり，家族構造の問題は蚊
帳の外に置かれた．同棲する未婚の親の増大を，徐々にではあるが看過でき
ないと認知したのが，2003年の法律上の変更であった．出生証明書で子ど
もの父親として登録されれば，未婚の父が児童法で定められた親責任を有す
ることとなったのである．これはまた，父親の役割が金銭的責任に留まらな
いという重要な認識を示すものであった．第2章で述べた，多様な家族・セ
クシュアリティに対する態度の軟化は，2004年シビル・パートナーシップ
法制定への道を開いた．同法により，同性カップルは，シビル・セレモニー
を経て結婚した異性カップルと非常に似た権利や責任を持つことが可能とな

った．これには，パートナーの子どもの親責任を有する権利に加え，財産，給付，年金を受け取る権利が含まれていた．

　家族政策はまた，政府の欧州統合アジェンダの影響も受けていた．具体的にみるとイギリスは，育児休業，労働時間および仕事での平等に関する一連の欧州連合の指令を採択していた．当時，北欧諸国は，寛大な母親休業・父親休業の取り決めや，非常に発達した保育サービス供給の点で，進歩的な国家モデルとみなされていた．イギリスも，そうした基準を目指し努力を重ねたが，達成には程遠かった．そこで2001年労働党マニフェスト（Labour Party, 2001）では，従来18週であった有償の母親休業を，6か月（週100ポンド）に拡大することが公約に掲げられた．また同マニフェストでは，すべての3歳児に対する短時間の無料幼児教育の提供も公約に掲げられた．

　幼児向け保育と教育に加え，最初の2期において労働党政権は子どもの貧困に深く関心を抱いていた．事実，1999年にはトニー・ブレア首相が，子どもの貧困を今後20年で撲滅するという自身の目標を宣言した．また当時，財務大臣の立場にあったゴードン・ブラウンはニューディール政策を打ち出した．これは，就労の義務・国定最低賃金・税額控除の推進や拡大により，失業に取り組み，就労の動機付けを行うことに焦点を当てていた．こうした政策はすべて，就労中/無職状態のいずれであっても家族に金銭的な支援を行うよう設計されていた．子どもの貧困への注目は，のちに一連の数値目標へと具体化され，各政府機関の間で定着していった．**権利と責任**がこのアプローチの主たる特徴であった．具体的には，一方で税額控除を設け，保育サービスの費用は抑えられた．その一方で，訓練や就労準備のサポートを行うとともに，申請者の求職活動の義務は強化された．当該期間における，ひとり親の就労の大幅な増加と子どもの貧困の削減は，そうしたパッケージ戦略が望ましい効果をもたらしたことを表している（第5章を参照のこと）．

　労働党はまた，次世代が貧困者にならぬよう，子どもに与える負のインパクトを減らすことにも関心を寄せた．教育改革が，こうした取り組みの主たる構成要素であった．それと同時に，総合的に結び付いた家族向けサービス

や親への支援にも重点が置かれた．家族に向けた取り組みのなかで最もよく知られているのがシュア・スタートである．これは1998年に議会でアナウンスされ，当初は，とりわけ貧困度の高い地区の4歳未満児がいるすべての家族が対象とされていた（Eisenstadt, 2011）．シュア・スタートは広範な国際的エビデンスを用いており，また，さらなる変化を求める保育・幼児教育組織からの高まる声に後押しされたものであった．エリアに基礎を置くこのアプローチは，最もサービスを必要とするであろう低所得家庭が確実に便益を受けられるようにしつつも，絞り込まれたサービスの受給に伴う負の烙印（スティグマ）を避ける意図があった．これは，説得的かつ影響力を持つ公務員であった故ノーマン・グラス率いる財務省の指揮のもとに行われた．地域の親たちをプログラムの管理に巻き込み，そのエリアで特に必要なものは何か，どのようなサービスを提供すべきか，そしてどのようなスタッフを雇うべきかを明らかにしていくことがシュア・スタートの開始当初からの主な特徴であった．

　シュア・スタートがとりわけ，貧困地域の幼い子をもつ家族向けであった一方，子ども基金（Children's Fund）は，8歳から13歳までの生活基盤の弱い子ども向けのサポート・プログラムを実施する地方機関を支援するため，2000年に設置された．また，子ども基金の運営と政府内での家族政策の調整を目的とする，子ども・若者事務局（CYPU：Children and Young People's Unit）が設けられた．これは難しいタスクであった．この事務局は2004年に，すべての子どもの平等保証（ECM：Every Child Matters）改革の際に解体され，ボランタリー機関への資金調達は教育・職業技能省（DfES）の別の部門に吸収された．子ども基金自体は持続的な影響をもたらさなかったが，子ども・若者事務局は，すべての子どもの平等保証（ECM）の土台作りに大きく貢献した．

　追加的要素であるコネクションズは，13歳から19歳までのすべての若者を対象としていた．普遍主義的サービスとして提供されたが，その主たる目的は，当時，就学・就労状態になく，職業訓練も受けていない16歳を過ぎた若者が多数おり，その数を減らすことにあった．そしてまた，普遍主義的

サービスではあったものの，このサービスから最も便益を受けると考えられたのは，低所得家庭出身の若者であった．こうした3つのプログラムを実施する財源は，子どもへの大規模投資といえる金額にまで積み上がった．具体的には，2002/03年のシュア・スタートの予算は2億1,100万ポンド，子ども基金は1億4,900万ポンド，コネクションズは4億4,100万ポンドであった（Sefton, 2004）．

　新サービスへの着手とともに，労働党政府は引き続き所得移転にも取り組んだ．教育維持手当（EMA：Education Maintenance Allowance）は，低所得家庭のもとに暮らす若者が16歳を過ぎても学校やカレッジ（大学を除く）に通い続けられるよう，本人に直接支払われる金銭的支援の実施を目的として2004年に創設された．

　省庁間での統合・協働型政府を目指すニューレーバーの努力に応えるべく，こうした取り組み，すなわちシュア・スタート，子ども基金，コネクションズについては，その進展を監視するため省横断的な大臣らで構成されるグループが設けられた．分野横断的テーマに対し，新しい政策の実施だけでなく，広く英国政府間で政策を生み出し管理する新たな方法を作り出す点で，**政府の現代化**にブレア政権は力を入れていた．省と省の間にある壁を打ち砕くことは，これと密接に結びついた革新的アプローチであった[1]．

　子育てに関する政策は，少年司法の分野にまで拡大された．労働党は政権第1期初頭に親権者命令（Parenting Orders）を導入した．この法制化は親に対し，自分の子が法を犯した際に責任を持たせると同時に，適切な子どもの世話やコントロールについては必要な支援を行う手法を編み出した．権利と責任が実際に公共圏に適用されたのである．親権者命令は裁判所から出され，親ないし保護者には6か月にわたり，子どもとの接し方に関する支援の場としてカウンセリングや指導セッションへの参加が義務付けられた[2]．当初は親権者命令のもつ強制的な性質について懸念の声があがっていたものの，いずれも親たちには好評で，効果的であったことが分かっている．親からの主たる不服申し立ての1つとして，なぜ状況がここまでひどくなる前に支援

が行われなかったのかという点が挙げられている[3].

　ニューレーバーは，幼児，学歴期の子ども，青少年のいる家族を支援する大規模な政策を計画していた．ただしこうした数多くの新しい取り組みは別々の政府指令によって管理・運営されており，財源の流れもすべて異なっていた．トップに位置する地方自治体やヘルスサービス機関がその実施を監視せねばならず，新しい取り組みの多様性や複雑さが，そうした機関にとって次第に重荷となっていった．また家族にとって，主要なサービスのうちターゲットを絞るタイプのものについては，そのアクセスがますます複雑なものとなった．これは特に，年齢の異なる複数の子どもを育てる家族にとって顕著であった．さらに，2000年2月に起きたヴィクトリア・クリンビエ（女児・8歳）の虐待死が児童保護の深刻な欠陥を露呈させることとなり，制度体系に大きな衝撃を与えた．彼女のことは死亡前から4つのロンドン特別区の社会福祉部，2つの病院，警察，そして全英児童虐待防止協会（NSPCC：National Society for the Prevention of Cruelty to Children）が把握していたのである．事件後に発表されたラミング卿を委員長とする委員会調査報告書では，彼女を救える機会が12回あったことが確認された．またラミング調査報告は児童社会サービスの抜本的改革を勧告し，それが子どもの生活のあらゆる側面を1つの包括的モデルに適合させる，重要な制度改革へとつながった．その包括的モデルこそ，すべての子どもの平等保証（ECM，子ども1人ひとりが大切）と呼ばれるものであった．

### 断片的取り組みから総体的戦略へ：すべての子どもの平等保証

　政府の緑書『すべての子どもの平等保証（Every Child Matters）』（DfES, 2003）は，地方政府レベルでの一連の改革を提示し，それにより，すべての子どもが達成すべき5つの中核となる達成目標（アウトカムズ）を確証するとした．具体的には，「安心できる生活」，「健康の維持」，「享受と達成（人生最善のものを享受し，大人になるための幅広い技能習得を達成する）」，「経済的ウェルビーイングの達成」，「積極的な貢献（共同体・社会へ積極的に貢献し，反社会的

行動や犯罪に陥らない）」の5つであった．すべての子どもの平等保証
（ECM）の法制化は，全地方自治体に対し，教育と社会的ケア分野をカバー
する児童サービス部長職（Director of Children's Service，地方レベルの最高
実務統括責任者）と，児童問題専門指揮担当地方議員の設置を要求した．教
育，社会的ケア，健康といった別々のサービスではなく，1つの地域におけ
る全児童についてのアウトカムごとに説明責任を確保する必要があるという
のが，この改革の主要原則であった．（医師と患者といった）専門職的な境
界に基づく個々の介入ではなく，子どもと家族の必要をあますことなく満た
すサービスの統合が重要な目標となったのである．

　すべての子どもの平等保証（ECM）はまた，中央政府レベルでの責務につ
いても大きな再編成を推し進めた．子どもの社会的ケアを成人向け社会的ケ
アから分離し，その所管を保健省から教育・職業技能省（DfES）へと変更し
た．その意図は，子どもに関するすべての政策が，政府内の単独の省および
それを代表する大臣によって取り扱われることにあった．エド・ボールズが
2007年に閣内大臣になると，**教育についての省から子どもについての省へ**
と移行され，教育・職業技能省（DfES）は子ども・学校家庭省（DCSF：De-
partment for Children, Schools and Families）となった．

　緑書はまた，子どもや若者（特に不利な立場の子ども）の声を伝える職務
として，独立したチルドレンズ・コミッショナー職の創設を提案した．これ
は政策立案の際，青少年自身のもつ見解が重要であることを積極的に強調し
たものであった．イングランド，スコットランド，ウェールズ，北アイルラ
ンドのチルドレンズ・コミッショナー職は，のちの政権でも保持されている．

　すべての子どもの平等保証（ECM）は，それまで完全に各地域内の裁量に
収まっていたであろう重要な政策分野が，中央政府による地方政府の管理・
指示へと広がりをみせた，主たる例の1つである．権力の集中は，サッチャ
ー時代を代表する特徴であり，労働党政権へ移行した後も最初の2期はそれ
が継続していた．サービスについて地域差があることに一般市民は不満を持
っており，大臣らは比較的短期間で目に見えた改善を示そうと意気込んでい

た．もしすべての地方自治体が同じ枠組みで運営されるなら，データ収集と
パフォーマンスの比較という点で，これまで以上に透明性は高くなる．しか
し，このアプローチには固有のリスクもある．もはや大臣らは，それぞれの
地域レベルでうまくいかない点について責務を全うすることができない．報
道陣や一般市民が地域レベルでの運用面の失敗を非難するほど，どの政党で
あろうと政府は上からのコントロールをさらに強めようとしてしまうのであ
る．中央集権化がもたらす，さらなるリスクは地方でのイノベーションの抑
制である．つまり最悪の事態の発生を回避する一助となりうる一方，最善を
生みだすうえでの制約にもなりうるのである．

　すべての子どもの平等保証（ECM）改革の大部分は，様々な機関が協働し，
情報が共有され，子どもと家族のためのプランがうまく調整されるという，
家族支援の統合的アプローチを取っていた．そしてますます，子どものアウ
トカムの不良と関連があるリスクの判別に基づくようになった．そうしたリ
スクは，虐待ないしネグレクトの兆候や，障害，メンタルヘルスの問題，長
期的失業，貧弱な住居，そして貧困そのものに及んだ（様々なリスク枠組み
については第3章を参照）．後ほど言及するように，さらなるリスクの拡大
を防ぐべく早期に適切な介入を行うには，諸機関の間での協働が不可欠であ
る．

　すべての子どもの平等保証（ECM）に沿って，2004年に労働党はシュア・
スタート，幼児教育，保育を含む幼少期サービスの重要なレビューを行った．
その結果をまとめ，刊行されたのが『親たちに選択肢を，子どもたちに最善
のスタートを』（HMT, 2004）である．それは初めて単独の文書で，以下の
サービス拡張を伴う給付改革を提示するものであった．すなわち年次休暇の
権利保障とともに，有償の母親休業の拡大（6か月〔＝26週〕から9か月
〔＝39週〕へ），有償の父親休業の拡大（2週間），子どもが6歳になるまで
親たちが柔軟な働き方ができる権利（のちに子どもの年齢は引き上げられ，
ケアラーもその対象となった）を示した．この母親休業と父親休業の権利保
障の改善は，0歳児のグループケアへの懸念に対処する（赤ちゃんが家庭外

で長時間ケアを受けることと，学校での問題行動との間に関連性がみられる
というエビデンスを考慮した）ものであった（Belsky, 2001）．より新しい
ものだと，第3章で説明した通り，幼児期の脳の発達に関する研究もまた，
0歳児の1対1のケアの重要性を強調している．税額控除を通じたチャイル
ドケア費用の補助を除き，1歳児（13〜24か月）の赤ちゃんのケアをどう支
援するかについては，ほとんど考慮されていなかった．

　政治家はシュア・スタートの人気に基づいて進展を図り，福祉国家の新施
策の創設に力を入れていた．そのため，『親たちに選択肢を』（HMT, 2004）
では，貧困地域だけでなくあらゆる地区にシュア・スタート・チルドレン
ズ・センター（SSCC）を設置するとともに，すべての学校での放課後ケア
の時間延長も保証するとされた．この文書と，そこでアナウンスされた改革
は，親と子どもの権利とサービスを大きく変えるものであった．

　子どもと家族向けサービスに関し，ニューレーバー政権下では，さらに2
つの政策構想があった．それは，2006年のレスペクト・アジェンダ（Re-
spect Task Force, 2006）と2008年の『家族を考える：リスク下にある家族
のライフチャンスの改善』（SETF, 2008）である．どちらの報告書も内閣府
に設置された特別ユニットである，社会的排除タスクフォース（SETF：So-
cial Exclusion Task Force）により作り出されたものであった．その前身は，
1997年に労働党が政権について間もなく設置した社会的排除ユニットであ
る．このユニットは野宿や10代の妊娠，学校からの排除を含め影響力のあ
る様々な報告書を発行していたが，コミュニティ・地方自治省に移されてか
らは，その力を失っていた．2006年に規模を縮小し，内閣府へと戻され，
名前も**タスクフォース**に変更された．社会的排除タスクフォース（SETF）
の役割は，直接影響を受ける人数は比較的少ないが納税者に極めて大きな負
担もたらすであろう難問に対し，複数の省庁にまたがる解決策を見つけるこ
とにあった．

　レスペクト・アジェンダは，絶えることのない若者の軽犯罪への懸念に対
する応答であり，また反社会的行動への対処を意図するものであった．反社

会的行動は，どのような団地でもほんの一握りの家族が引き起こすことが多いものの，それは，その地域に暮らす他の人々すべての生活を惨めなものにしうる．レスペクト・アジェンダは，すでに実施中の取り組みであった親権者命令と同じく，様々な行動を防ぐため，家族全体にアプローチするものであった．これには軽犯罪が深刻な犯罪行為に発展することを阻止する試みが含まれる．具体的には，真夜中や早朝に大音量の音楽をかける，落書きをする，攻撃的・脅迫的な口調で話す，ごみを捨てる，嫌がらせや脅迫をするといった行動の防止である．政策立案者たちは，不十分な子育て，問題行動に対処しない学校，はく奪度が高い地域での生活，薬物やアルコールの乱用などが，先ほど述べた行動の根本的原因だとみていた．したがってレスペクト・アジェンダの旗じるしのもと提案されたのは，対象を絞った子育て支援，さらなる親権者命令，そして反社会的行動に対する警察の権限強化を目的とした法律の制定という3つを組み合わせることであった．

　　子育ては，相互尊重に基づいた強い社会を創り出すうえで最も重要な責務の1つである．子育ては誰よりもまず親がおこなうものであり，政府はその原則への介入を望まない．しかし親が自らの責務を全うする気がない，もしくはできないのであれば，われわれを通じて，親が確実に子育てに挑むとともに，その支援を受けられるようにせねばならない．(Respect Task Force, 2006)

　レスペクト・アジェンダには，特に社会住宅から立ち退きを迫られるほどの深刻なリスクを伴う反社会的行動に出る家族を対象とする，家族介入プロジェクト（FIPs：Family Intervention Projects）というパイロット・プログラムの実施が含まれていた．そして，のちに保守派が打ち出す困難家庭プログラムの礎となるものを，このレスペクト・アジェンダに見出すことができる．そのアプローチは家族1人ひとりの必要（ニード）の測定と，行動の改善に深く関与する代わりに適切な支援を受けることへの同意を伴うものであった．

『家族を考える』（SETF, 2008）では，子ども・大人・家族向けサービスの提供による支援を，確実に調整するとともに，その対象を（とりわけ最も深刻なリスクを経験する）家族全体へ影響が及ぶ問題に絞り込むことが目標とされた．特定の行動やリスク要因に基づいた極めてターゲット性の高いアプローチである点を除き，『レスペクト・アクション・プラン』（Respect Task Force, 2006），家族介入プロジェクト（FIPs），『家族を考える』（SETF, 2008）の諸原則と，ECM アジェンダの諸原則との間に相違はなかった．自分自身で貧困を克服するという方法では，反社会的行動や，とりわけ家族内の複数人がリスクの高い行動を取るケース（その場合，複数の機関や規律で対応する必要がある）など，固定化された問題の解決には至らないことが認識されていたのである．大人・子ども向けメンタルヘルス・サービス，教育と住宅，社会サービス，そして警察のすべてに，それぞれ果たすべき役割があった．しかしながら，各機関での協働と情報共有について手はずを整えることはきわめて困難であったし，その難しさは今も変わらない．

## 潜在能力の向上：予防と早期介入

先述した政策構想はすべて，家族の困難を悪化させず，確実に解消に向かうよう挑むとともに，幅広い必要（ニード）をもつ子どもや家族と連携するという理念に基づいている．問題の悪化は対処しがたく，長期的にみると費用もかかる．予防と早期介入は，ニューレーバー政権下で始まり，連立政権，そして今の保守党政権下に至るまで各政権でみられる政策の特徴である．こうした概念に対する見解は 2 通りある．すなわち，**人間発達のいかなる段階であっても，固定化される前に問題を予防する**という見方と，子どもたちに人生の良きスタートを与え，問題を予防する，すなわち**幼児期に着目する**という捉え方である（強調は訳者）．予防と早期介入はすべての子どもと家族に対し普遍的に行うことも，認識されたリスク要因に基づき対象を絞りこんで実施することも可能である（Axford and Berry, 2018）．子育てや人間関係の支援，幼児期の支援，および母親のメンタルヘルス面のサポートを目的としたエビデ

ンスに基づくプログラムの利用は，早期介入と強いつながりがある（第5章を参照）．

　2007年には，2つの重要な白書が出版された．予防と早期介入に特に注意を払った，『子ども・若者に関する政策レビュー』（HMT and DfES, 2007）と，『親一人ひとりが大切』（DfES, 2007）の2冊である．いずれも，子どものライフチャンスを改善するうえで親や幼児期が果たす役割に関し，一連の政策を新たに強調し，それらへの投資を歓迎した．前者の財務省（HMT）と教育・職業技能省（DfES）が共同で作成したレビューは，問題が生じる前に，あるいは問題が発覚したら可及的速やかに介入することが，子どものライフチャンスの最大化を行ううえで不可欠だと論じていた．子ども期の間は，いかなる段階でも問題は生じうるし，子どもが危険に直面したり離れたりと揺れ動くプロセスが存在する．このレビューの提言をみると，普遍主義的な公共サービス[5]がもつ決定的な役割と，親の役割が強調されている．

　　　公共サービス運営の枠組みは，いま以上に，予防的支援に対する見返りや動機付けに重点を置く方がよい．

　　　親とコミュニティは，子ども・若者の発達を支える環境を生み出すうえで必要不可欠な存在である．そして，両者がその役割を果たす力を築くため，私たちにできることは数多くある．（HMT and DfES, 2007）

　この報告書では，サービスが主体の子育て支援に加え，家族の豊かさ[6]を改善する手段として税額控除と雇用を用いる二元的アプローチを奨励している．これは貧困下で暮らす子どもの数の削減と同時に，ベストとはいえない子育てがもたらすであろう影響の改善につながる．レビューはまた，この二

---

5）　シュア・スタート・チルドレンズ・センターなど．
6）　親が資格を持ち，働くとともに，子どもの現在のウェルビーイングや将来につながるディーセントな所得を持つことを指す．

元的アプローチが，貧困下にある子どもと暮らし向きのよい同学年集団との間にあるアウトカムの差を縮めることを示唆している．さらに，早期の介入は，問題が深刻で手に負えなくなることを防ぎ，将来のコストを大幅に軽減しうるとしている．

　財務省と教育・職業技能省の共同レビューに続き，教育・職業技能省は『親一人ひとりが大切（Every parent matters）』（DfES, 2007）を公刊した．この文書は先ほどの共同レビューのテーマを数多く取り上げており，幼児期，就学期およびそれ以降の子どもにとっての親の大切さを強調している．またライフサイクル・アプローチを取っており，出産前後のヘルスサービスから，シュア・スタート・チルドレンズ・センターおよび学校まで，子ども期を通じて利用可能とすべき，様々な親向けサービスに言及している．なかでも，普遍的なものから，深刻かつ固定化された問題に対処する専門的サービスに至るまで，多様な必要（ニード）に対応可能とすべき支援サービスについて，具体例を挙げている点が重要である．子育て実務者国立アカデミー（NAPP：National Academy for Parenting Practitioners）は，親たちがアドバイスを求めるであろう実務者を育て，支援するために2007年にキングス・カレッジで設立された．子育て早期介入プログラム（Parenting Early Intervention Programme）は2008年から2011年にかけて設立・運営されたものであり，エビデンスに基づく5つの子育てプログラムのうち，少なくとも1つ以上のプログラムをすべての地方自治体で実施できるよう資金提供が行われた．また労働党は，後にファミリー・ナース・パートナーシップとして知られるようになった，10代の母親が対象のアタッチメント理論に基づく集中的プログラムを試験的に立ち上げていた．この点は第5章で詳しく述べる．

　2007年に，ゴードン・ブラウンが労働党の党首および首相に就任した．2008年に世界的な金融危機が生じた際，彼は財政出動を通じて景気対策を行うとともに，不況下で生活基盤が弱いグループを支援する対応をとった（HMT, 2009）．その年の予算では，2004年より導入された児童税額控除が過去最大規模に増額され，その他の家族向け給付も改善された（Stewart

84

---

**BOX 4.1　子どもの貧困目標**

- 相対的貧困——相対的にみて低所得（住居費控除前の世帯所得が中央値の60% 未満）の状態にある子どもの割合を 10% 未満に削減する.
- 低所得と物質的はく奪を結びつけた目標——物質的はく奪の状態にあり，かつ低所得（住居費控除前の世帯所得が中央値の 70% 未満）の子どもの割合を 5% 未満にする.
- 慢性的貧困——長期にわたり相対的貧困を経験する子どもの割合を減らす.これは 2014 年 12 月までに明確な目標を立てる.
- 絶対的貧困——物価上昇率を加味して調整された所得水準[7]を下回る子どもの割合を 5% 未満に削減する.

出典：HMG（2010）

---

and Obolenskaya, 2016）. 彼の後押しを受け，子どもの貧困の撲滅は，2010年子どもの貧困対策法の制定を通じ，揺るぎないものとなった. 同法は，子どもの貧困削減の法定目標を取り決め，毎年，政府がその進展について報告するよう求めていた. これはブラウン政権の最後の年に制定され，子どもの貧困撲滅という目標を法的枠組みで設定することにより，状況を簡単に後戻りさせないという狙いがあった（貧困に関する 4 つの尺度については BOX 4.1 を参照）.

　2010 年の総選挙直前に，子ども・学校家庭省（DCSF）は，当時の同省国務大臣であったエド・ボールズの指揮のもと『あらゆる人々への支援：家族と人間関係 緑書』を刊行した（DCSF, 2010）. 家族関係の重要性を強調した点に意義があり，離別するカップルに対して人間関係に関するカウンセリング支援，調停，および子育ての支援を行うよう推奨している. この政策テーマは，その後の連立政権および保守党政権下でも，より一層クローズアッ

---

7〕　2010 年度の所得の中央値の 60% という固定された基準を指す.

プスされた.

　ニューレーバー政権時の特徴は, サービス給付に加え, 現金給付や税額控除に関する数多くの政策により, 子どもと家族へ大規模な投資をした点にある. 同時期に, 5 歳から 16 歳までであった普遍主義的な無料教育は, 3 歳から 18 歳まで拡大された. ブレアは, 人々が民間医療や民間教育を探し求める誘因を持たないほど, 公共サービスは良質でなければならないと固く信じていた. また租税を進んで支払うか否かは, すべての人が利用可能な給付の質によって決まるという確信があった. 家族と子どものプレッシャーを減らすと同時に潜在能力を高める二元的戦略が, 当時実施された積極的家族政策の特徴であった. だが労働党政権内でも, 優先順位については異なる見解が存在した. 保育サービスの議論で述べた通り, 財務省と雇用年金省は, 母親たちを労働市場へ送り込むという方法で貧困を削減することに最も関心を寄せていた. 一方, ブレアの最大の関心事は, 貧困下にある子どもと裕福な同学年集団との間に存在する学力格差の縮小と, 全体の学力の底上げによって将来世代が貧困に陥る可能性を減らす点にあった. 権利と責任を釣り合わせることが, ブラウンおよびブレアによる改革の主たる特徴であった. 政策は, 貧困下にある子どもだけでなく, すべての子どもを対象としており, ゴードン・ブラウンはそれを**急進的普遍主義**と呼んだ. だがブラウンとブレアは政権の終盤に至り, 幅広い政策が, 複合的な困難を抱える少数の家族たちをカバーできていなかったという事実を認識する. そして複雑な問題を有する家族に, 以前よりも着目するようになった. 2 人は様々な方法をとっており, 地域レベルで立案と解決を促すアプローチから, 中央政府が指揮を執り, 複数の異なる財源ルートと様々な報告体制でもって実施するアプローチまであった. ただし後者の比重が徐々に大きくなっていった. すべての子どもの平等保証 (ECM) アジェンダは, そのすべての流れを 1 つにまとめようとする包括的な試みであったが, 政府が変更を加え, 新しいアプローチを実践する前に, それを地域レベルにうまく組み込む時間的猶予がなかった.

　2008 年の金融危機とその後の景気後退により, 2008 年以降の政府借入金

は大幅に増加し，公共部門の支出と税収との乖離は第二次世界大戦以来最大の規模にまで広がった．労働党は財政出動を行い，景気後退期の悪影響を緩和し，最も貧困度の高い者たちを守るために社会プログラムを維持する対応をとった．そのあと 2010 年の総選挙に向けて，すべての政治政党は相当規模の緊縮財政を提唱した（Chote et al, 2010）．主たるアプローチの違いは，その党がどのようなペースで債務問題に対処するかという点と，公的支出カットと課税強化のバランスについての提案にあった．労働党は増税に対して公的支出カットは 2 倍にすることを提案した．自由民主党は増税に対する公的支出カットを 2.5 倍に，保守党は 4 倍にすると提示した．

　労働党の全体的な功績は，グローバル金融危機の影響により過小評価された．シティ・オブ・ロンドンと金融セクターへの規制の欠如が危機発生の主たる要因であったと広く認識されている．だが金融危機以降，労働党政権が好況時に無駄な赤字支出を増加させたことを非難する政治的語り（ナラティブ）が広まった．つまり，ジョン・F. ケネディの言葉でいう**「屋根を修理するなら，日が照っているうちに限る」**ことができていなかったとされた．実のところは，2008 年以降の財政赤字や債務残高の増加は，失業者の急増や税収の大幅減という景気後退の結果である．しかし無駄な支出という語り（ナラティブ）の力によって，やがて来る連立政権にはサービス給付・現金給付の両者を大幅にカットする自由裁量が与えられた．

## 2.　連立政権下での家族政策

　デイヴィット・キャメロンを首相とする連立政権は，家族政策について，かつてのサッチャー元首相やメージャー元首相とは根本的に異なる見解を示した．自由民主党と連携し，社会移動（ソーシャル・モビリティ）の改善について，早い段階から数多くの新しい政策や深い関与を明らかにした．その象徴の 1 つとして，当時のニック・クレッグ副首相は，アラン・ミルバーン元労働党大臣をトップとする「子どもの貧困と社会移動委員会」をアナウンスした．とりわけ，これ

は子どもの貧困から社会移動へと強調が移り，それに伴い，所得政策よりも
サービスに重点がおかれることを示していた．また連立政権は，国定最低賃
金にも継続的に関与した．しかし自由民主党と保守党間で引き出された連立
合意の主たる原理は，労働党政権が最終年度予算で予測したペースよりも早
く，議会の会期中に赤字削減に関与することにあった．削減のうち 4 分の 3
は公的支出のカットによって，そして残りの 4 分の 1 は増税によって達成す
るとされた．これにより，新たな支出についての余地はほぼなくなり，多く
の政治力が緊縮に投じられた．保守党にとって大切な年齢層は，明らかに
（学校・医療とともに）支出カットを免れてきた年金受給者たちであった．
彼/彼女らは，国の公的年金の増額が保証され，引き続き冬季燃料手当と無
料バス乗車券も給付されるという三重構造が約束されていた．また非常に厳
しい財政制約下ながら大幅な支出を伴う政策として，すべての納税者が個人
所得税の控除拡大による利益を受けた．一方，貧困度の高い生産年齢層の単
身者や子育て家族については，連立政権発足後の最初の 2 年間は現金給付が
維持されたが，2013 年以降はどちらも厳しい給付カットに直面した．

　連立政権はエビデンスを政策に適用することに関与し続けたが，強調する
ポイントを変えた．行動経済学のナッジ理論に強い影響を受ける行動洞察チ
ーム（Behavioural Insights Team）は，行動科学を政府の政策立案の中心に
据えた．「ナッジ」と呼ばれる小さな変化，例えば，ナッジの枠組みに基づ
くメッセージを用いたり[8]，オプトイン政策[9]ではなくオプトアウト政策[10]
によって，時に人々は「正しい」選択が可能となる[4]．それが，このアプロ
ーチの核となる要素である．ナッジのアイデアはそれまでの政権でも徐々に
浸透し始めていたが，2010 年以降にその影響力は大きくなった．以前にも
増して行動心理学から得られた洞察に着目することは，財源が非常に限られ

---

8）　たとえば人は得よりも損に敏感なため，損失を強調するメッセージを送る．
9）　自分でオプションを選択するもの．
10）　デフォルトオプションが予め用意され，必要なものはそのままで，要らないものや
　　変更を望むものだけ自分で変えるようにすること．

た状況下の政治的側面からみて有益であった．幅広いシステム上の不備に取り組むよりも，人々の行動に影響を与えるささやかで低コストな変化に的を絞れたためである．

## 打ち出された方針：壊れたイギリス

　家族政策，とりわけ子育てに対する保守党の考えのシフトは，2006 年にまで遡ることができる．その年，社会正義センター（CSJ：Centre for Social Justice）は『壊れたイギリス』（Social Justice Policy Group, 2006）と題した報告書を出版した．この報告書は，当時の野党第一党の党首であるデイヴィッド・キャメロンから命を受けたものであった．社会正義センターは，社会問題の解決について対照的な見解を提供するべく，保守党の前党首であったイアン・ダンカン・スミスによって 2004 年に設立された中道右派のシンクタンクである．彼は社会問題，とりわけ貧困問題への対処が保守党にとって重要だが，労働党のアプローチは根本的に誤っていると論じた．報告書は労働党の政策が所得の閾値のみに着目し，無職に対して然るべき配慮をしておらず，その結果，資力調査が急増したと述べている（こうした問題についての議論は，第 5 章参照）．それに代わり，『壊れたイギリス』では貧困に至る 5 つの道，すなわち家族の崩壊，教育上の挫折，経済的依存，債務，依存症に焦点が当てられた．Marmot（2010），Wilkinson and Pickett（2009〔ウィルキンソン，ピケット，2010〕）およびその他多くの論考ですでによく知られている通り，指摘された 5 つの問題は貧困と強い相関関係にある．しかし，貧困へ至る「道」という記述は，それらが一連の複雑な相関関係にあるとみなすのではなく，一方的な原因と結果の関係であることをほのめかす（第 3 章を参照）．社会正義センターの報告書は，子どもの暮らしにおける父親の重要性と，シングルマザー世帯の世代間リスクを強調していた．『壊れたイギリス』では，結婚と安定した人間関係が子どもの成果に重要であることに加え，子どもによって繰り返される親のネガティブな行動についてたびたび言及されている．大人たちの問題行動と並び，経済的依存と教育上の挫折が

子どもたちのアウトカム不良を引きおこすというのが，報告書の大前提であ
る．アウトカムの不良は，世代間の不利をもたらす．しかし報告書は，所得
そのものの欠如が子どものアウトカム不良と関係がある点に言及できていな
い．第 3 章で取り上げた研究で確認された通り，実際問題として，限られた
所得で「善き」親となることは困難である．様々な不利に苦しむ家族ほど貧
困に陥る可能性が高い一方，貧困状態にある多くの家族は，自らの行動によ
って複雑な問題を引き起こしているわけではない．ただシンプルに，子ども
のアウトカム不良を防ぐ財や経験に必要な資源を欠いているのである．

　『壊れたイギリス』は，とりわけ差し迫った必要（ニード）に直面する人々にターゲ
ットを絞り，貧困を生み出す 5 つの要因をもとに構築される社会政策の理論
的根拠を指し示した．家族，ボランタリー部門，コミュニティ部門が，貧困
原因への対処に必要な支援を提供する最善の手段と考えられており，それら
を備えた「福祉社会（welfare society）」の創出が，報告書の主たるビジョン
であった．イアン・ダンカン・スミスが雇用年金省大臣に加え，新たに創設
された社会正義内閣委員会（Cabinet Committee on Social Justice）の委員長
の座に就いた際，このアプローチが実現された．

　ボランタリー部門とコミュニティ部門の役割の重視は，「大きな政府（Big
Government）よりも大きな社会（Big Society）」を謳った 2010 年の保守党の
マニフェストに反映されている．このアプローチを象徴するのが，2011 年
のナショナル・シティズン・サービスの導入であった．これは，あらゆる社
会的背景を持つ 16 歳と 17 歳の若者が対象のソーシャル・アクション（社会
的活動）プログラムである．ここで最も興味深いのは，社会などというもの
は存在しないというサッチャーの見解にデイヴィッド・キャメロンが異議を
唱えたことであった．彼は次のように応答している．「われわれは，社会と
いったものが確かに存在すると信じている．そしてそれは国家などとは異な
る」（Cameron, 2007）．大きな社会というテーマは長続きしなかったが，
2010 年の保守党は，1992 年のときほど過保護な国家（ナニー・ステイト）を警戒してはいなかっ
た．キャメロンは，次世代を育てるうえで皆が担う役割は広いと考えており，

2010年のマニフェストの最初のページにそれが示されている．「すべての大人が自らの役割を全うせずに，どうやって責任感のある子どもが育つというのか」（Conservative Party, 2010）．ここで重要なのは，母親や父親だけでなく，「すべての大人」と言及している点にある．

### 緊縮のあおりを受けた積極的家族政策

2010年の連立政権は，前政権による子育てと幼児期の強調を押し進めた．所得五分位のうち最も所得が低いグループに属する不利な立場の2歳児に幼児教育を提供した労働党の試験的取り組みについて，自由民主党の政策により，その対象が所得の下位40％にまで拡張された[11]．また巡回保健師の数を増やすとともに，ファミリー・ナース・パートナーシップ（第5章のBOX 5.1参照）を拡大し，地方自治体の早期介入を促進すべく早期介入交付金（Early Intervention Grant）が新設された．この交付金は基本的にシュア・スタート交付金を置き換えたものであり，労働党政権時の旗艦プログラムと強く関連するシュア・スタートという言葉が外された．2010-11年の交付金は32億ポンドであり，保育・幼児教育[12]やチルドレンズ・センターから10代の妊婦向けサービスまで様々なサービスが一緒にまとめられた．2015/16年までに，交付金の金額は約14億ポンドと半分以下となった．これは連立政権が地方自治体に対し大幅な財源カットを行ったためである（CYPN et al, 2015）．他の労働党のプログラムも全面的に退けられた．再び教育を強調する旨が示され，すべての子どもの平等保証（ECM）アジェンダは急速に解体された．また，子ども・学校家庭省（DCSF）は教育省（DfE：Department for Education）へと改められた．教育維持手当は打ち切りとなり，国のプログラムとして実施されていたコネクションズも廃止され，全国キャリア・サービス（National Careers Services）へと置き換えられた．

2010年の選挙以降，国民の態度は支出カット反対から，慎重ながら賛成

---

11〕 実際に拡張されたのは2014年である．
12〕 具体的には，不利な立場の2歳児向け無料教育施設への充当など．

の立場にシフトし始めた（Seldon and Snowdon, 2016）．最初の連立政権の予算では，とりわけ家族に影響を与える110億ポンドの福祉給付カットがアナウンスされた．これには住宅給付の減額，（通常高い値をとる小売物価指数（RPI）ではなく）消費者物価指数（CPI）を用いた給付と税額控除額の調整，児童手当の据え置き，児童税額控除の資格対象者減，そして5歳を超える年齢の子を育てるひとり親については，求職者手当へ移行させ，就労可能にすることが含まれていた．加えて，公共部門では21,000ポンドより高い稼得がある者の賃金が据え置かれた影響により，低稼得者の生活水準は大幅に変動した．緊縮は，サービスへの支出と所得移転の両方を強制的に減額するものであった．

　連立政権は子どもに関する4つの報告書を委託していた．特に，そのうちの3つがここでの議論と関連がある[5]．労働党議員のフランク・フィールドは『基礎期：貧困下にある子どもが貧困状態の大人になることを防ぐ』（Field, 2010）を作成した[13]．彼は，子どもの貧困を撲滅するための代替戦略を提案している．それは子どもの貧困に対する取り組みを，所得再分配を通じた方法から，貧困下にある幼児期の子どもたちの潜在能力を発達させる方法へシフトさせるというものだった．フィールドは『壊れたイギリス』での多くのテーマを反映し，低所得の親たちは，人生の良きスタートに必要な子どもの励みとなる力をあまり持ち合わせていないと論じた．したがって彼/彼女らの子どもたちが学校でうまくやっていく可能性は低く，良い仕事へ導くであろう学力に達する見込みも薄い．フィールドは給付水準の引き上げを中断し，その分を，最貧困の子どもに的を絞った手厚い子育て支援と，高品質かつ一元化された保育・幼児教育に投資することを推奨した．2008年の金融危機以降，必死になって財政圧縮を探っていた政府にとって2010年の彼の提言は願ってもないものであった．的を大きく絞った子育て支援と保育・幼児教育は，給付の増額よりも遥かに安上がりであった．現金移転を

---

13）　基礎期 foundation years とは，受胎から5歳までを指す．

通じてプレッシャーを削減しつつ，子育て支援への投資も増やすという，前労働党政権において採用された二面的アプローチが解体され始めた（Stewart and Obolenskaya, 2016）．

　別の労働党議員であるグラハム・アレンは，『早期介入：次のステップ』[6]と題した報告書を作成した．アレンは早期介入や予防という戦略が，子どもが成長するうえで効果的であり，経済的にみても効率性が高いと論じた．報告書は，赤ちゃんや子ども，若者の**社会性や情動の潜在能力**の構築に着目している．こうした力は，認知スキルと比べ公共政策ではたびたび見逃されてきた．幼児期は児童発達において特に大切な時期ではあるが，その後も子ども期と青年期を通じたアクションが必要だと報告書は述べている．アレンの報告書は，厳密にテストされ良い結果が実証された，子育ておよび他の**プログラム**への投資を勧めている．彼は，幼児の初期段階で実施され，十分に高い基準を満たし，他の事例から効果が実証済みの介入を実施するために利用可能な資源が，ほとんどなかった点を確証したかったのである．なお，このアプローチを実施する機運と課題については第5章で議論する．労働党時代の心理療法アクセス改善プログラムに基づき，連立政権は社会的・情動的スキルの重要性を認識していたが，精神面と肉体面での健康を等しく重視すること，子どものメンタルヘルスを支えるサービスへの投資，そして産後うつの治療についても，より関与を深めていった．

　影響力をもつ第3の報告書は，『児童保護に関するムンロー報告：子ども中心システムに向けて』である（Munro, 2011〔マンロー，2020〕）．これは福祉（社会的ケア）体系において，もっとも生活基盤の弱い子どもたちに着目している．この報告書は多くの提言を行っており，そのなかで「法令をリテラルに遵守する行動様式」から「学習する行動様式」へのシフト，（科学的根拠をふまえた）ソーシャルワーク実践の発展，そして地域で子ども・若者と家族に一連の「早期支援（early help）」サービスを十分に提供する義務を地方自治体および法令上の提携者にもたせるよう勧告している．地方自治体が，ケアの瀬戸際におかれた最も不利な家族を対象とする一連の「早期支

援」対策を導入した一方，早期支援の提供**義務**は法制化されていない．2013
年にイザベル・トロワーがチーフ・ソーシャルワーカーに任命されたことは，
児童社会サービス改革への深い関与を示しており，それは現在，「児童社会
的ケアに関するホワット・ワークス・センター」設立という形で結実してい
る．だが早期支援を法で義務づけることができず，また地方自治体への財政
的支援を大幅にカットし，さらに社会的養護下の子どもの割合が増加したこ
とで早期支援と早期介入のための財源は一段と圧縮され，生活基盤の弱い家
族の多くは不十分かつ遅きに失した対応しか受けられていない（Family
Rights Group, 2018）．

　児童社会的ケア改善の試みと並んで，デイヴィット・ノルグローブが委員
長を務める「家族法再検討委員会報告」（Ministry of Justice, 2011）を契機
に，家族司法制度の主たる改革が行われた．家族司法制度は，きわめて深刻
な事態に陥っており子育てや人間関係が破綻している家族を扱っている．多
くの場合，それは怒りや DV，虐待，薬物，アルコールの問題を伴う．報告
書は家族司法制度が全く制度として機能していないと論じた．具体的には，
家族や子どもが直面する遅延と混乱，複雑な組織構造，そして信頼と統率力
の欠如に注目していた．勧告された点の多くは，法制化のなかでも急進的内
容を有していた「2014 年子どもおよび家族法（Children and Families Act
2014）」に盛り込まれた．それは子どもをシステムの中心に据えており，家
族司法青少年委員会（Family Justice Young People's Board）と家庭裁判所が
創設された．加えて，子どもを監護養育する（社会的養護をする）か，監督
する（地方自治体がモニターする）か否かを原則 26 週までに決めること，
また裁判所への申し立てをする前に，法に基づきメディエーション・ミーティ
ングに出席するよう要請することも取り決められた．しかしこうした改革
が行われた一方で，私法の場合[14)]の法的支援は急速に縮小し，依然として
多くの親は自ら弁護する必要があった．（その多くは）親がうまくいかなか

---

14〕　両親の間で子の処遇が問題となるが，公的機関が関与しない場合を指す．

った結果であるが，それを家裁がどう扱うかについては，今も主たる課題として残されたままである．またこの点から，裁判所は果たして紛争解決の場であるのか，つまり問題を処理する場なのか，あるいは根本的問題の解消を行う場であるのかについては政策上，不確かな状態となっている．

とりわけ家族と子どもの政策に関わる2つの組織が，連立政権下で立ち上げられた．それは早期介入財団（EIF：Early Intervention Foundation）と教育基金財団（EEF：Education Endowment Foundation）である．両者とも，政府によって設計された組織であり，科学的見地に基づき専門家が助言し，社会的介入と政策についてエビデンス・ベースのアプローチを提供することを目的とする，ホワット・ワークス・センターに属している．

早期介入財団は，『早期介入：次のステップ』報告書が出版されたあと，その執筆者であるグラハム・アレンによって立ち上げられた．これは様々な形態での，子どもの生活への早期介入の有効性を確立し，実施する地域を支援するために設立された．教育基金財団は，貧困下にある子どもと裕福な同学年集団との間に存在する学校での成果の差の縮小に役立つ，教育現場での取り組みを改善する介入とは何かを明らかにするべく設置された[7]．それぞれの機関に配分される政府の財政的支援の金額が，政府の優先度をよく表している．教育基金財団への最初の財源割り当ては約1億2,500万ポンドであった一方，早期介入財団の最初の財源割り当ては350万ポンドであり，家族政策よりも教育政策に重きが置かれていた．早期介入と早期支援は政治的レトリックとしては強烈であったが，2010年以降の地方自治体や公衆衛生分野での度重なる財源縮小により，制度面では非常に深刻な影響を受けた．

緊縮財政を背景に，連立政権下で行われたもう1つの主たる投資は，困難家族プログラムであった．これは2011年の大暴動[15]への応答として創設された．大暴動が生じて間もなく，政府は，かつて労働党が実施していた家族介入プロジェクト（FIPs）を，複数のリスクを抱える12万の家族（なかには，

---

15〕 同年8月に黒人が警察官に銃撃されたことを受けて広まった一連の暴動を指す．

混とんとした生活を送る家族もいた）に向けた 4 億 4,800 万ポンドのプログラムへと作り替えた．実際には毎年 9 億ポンドが困難家族に費やされたが，そのうち問題の予防に充てられたのは 1 億ポンドであり，残りの 8 億ポンドは事後対処的な支出に充てられたことが論争を招いた．費用は地方自治体に出来高払いで支払われ，2015 年までに 12 万の家族の「生活改善」を行うことが目標とされた．これは複数の政権を通じて政策が継続された事例の 1 つである．家族介入プロジェクトと困難家族プログラムは両方とも当時の首相に支持され，またルイーズ・ケーシーが労働党政権から連立，保守党政権にわたり政策を担当した．ただし，困難家族プログラムは従来の政策とは区別されるとともに，暴動に対する社会的関心に応えるものとされており，極めて強固な政治的レトリックを投げかけるものであった．それはまた，プログラムの達成を誇張する罠にはまっていた（第 5 章を参照）．

　連立政権下で家族政策を謳い設計された改革の多くは，従来の財政支出の範囲に留まるか，もしくは，ほとんど投資を必要としないものであった．連立政権は，労働党による家族にやさしい政策をもとに，ニック・クレッグ主導のもと事を進めてきた．彼らは，育児休業の利用が母親と父親の間でよりフレキシブルになる仕組みを導入した．これは女性と男性の間の権利保障のバランスを改善する重要な第一歩となった．『壊れたイギリス』で述べた原則に沿って，デイヴィット・キャメロンは婚姻控除（Marriage Allowance）を再導入した．ただしその額は非常に低く設定されており，概して象徴的なものであった．また彼は，より安定した関係の支援に財源を充てた．これは既婚で安定したカップルから構成される家族は，健康な子どもを育てる可能性が最も高いという見解に沿うものであった．同性カップルにシビル・パートナーシップを与えた労働党のそれまでの改革を超え，驚くことにデイヴィット・キャメロンは同性結婚を導入した．保守党の政治家は，結婚こそが善き子育ての重要な要素とみなす気持ちが強く，これを同性カップルの子育てにまで拡大した．

　財政支出が増えていた福祉システムに対する主たる改革は，当時の雇用年

金大臣であったイアン・ダンカン・スミス主導のもとに設計された。それは『経済的変化に応える給付』（Economic Dependency Working Group, 2009）という，社会正義センターの報告書と『壊れたイギリス』での分析を大幅に利用したものであった。福祉システムには致命的な欠陥があるというのがダンカン・スミスの見解であった。そこでは，就労者より無職の家族の方が良い暮らしを送る状況が存在し，システムはありえないほど複雑なためアドバイザーでさえ案内が困難とされた。彼は，労働時間を増やす強力なインセンティブを与えると同時に，受給者とアドバイザーの両者が理解しやすいシンプルなシステムにすることを強く望んだ。ユニバーサル・クレジット（UC：Universal Credit）は6つの資力調査付き給付を，月ごとに給付される単一の支払いに統合するよう設計された。また，無職で給付を受け取るときよりも，就労している場合の方が確実にその人の暮らし向きが良くなる（手取り所得が高くなる）ものであった。しかし資力調査付き給付のうち，カウンシル・タックス手当は，ユニバーサル・クレジットに含まれていなかった。その結果，平均すると，就労しながらユニバーサル・クレジット給付を受ける者の暮らし向きは悪化する可能性が高くなっている[8]。

運が悪かったのは，将来の費用節約という見込みのもと，新システムが短期の資金投入に依存していた点である。当時のジョージ・オズボーン財務大臣にとって，自らの緊縮プランと，この新システムへの十全な資金提供との間に折り合いをつけることは不本意であった。彼が急激な給付カットを続けたことで，新システムに対するダンカン・スミスの見解は相当な妥結を迫られ，その結果，ダンカン・スミスは内閣を辞任した。本書執筆時点（2019年）で，相対する政党やその他の者たちから改革を全面的に取り下げるよう要求があり，ユニバーサル・クレジットの導入はさらに遅れている[16]。その結果，2018年予算では，手取りの総額が下がる世帯の数を減らす一助となるよう，相当額の資金投入が実施された（第5章を参照）。

---

16） 2022年9月現在も完全には移行しておらず，2024年9月までに完了するとされている。

　自由民主党が連立政権時の政策にどれほど影響を与えたかについては，今も激しい論争が続いている．家族政策についてみると，自由民主党による2つの政策が際立っており，それらはすべてプレッシャーの削減と潜在能力の増大に分類することができる．無料学校給食の対象になっているすべての子どもについて，学校側が，さらなる資源を確実に得られるよう作られたのが生徒プレミアム（Pupil Premium）である．これは家族へのプレッシャーを直接減らすものではない．しかし，貧困下にある子どもと暮らし向きの良い同学年集団との間の差を縮めるうえで学校が直面する困難を的確に認識していた．生徒プレミアムは，もともと法定就学年齢の子どものみが対象であった．その後，3・4歳の子どもにまで拡張されたものの，こちらの金額は低く設定された．具体的には，資格を満たす就学児童1人あたり1,900ポンドが学校へ支払われ，保育・幼児教育提供機関には資格を満たす3・4歳の子ども1人あたり300ポンドが支払われる．また自由民主党は，無料学校給食の対象者を，幼児学級に通うおよそ8歳までの子ども全員へと拡大するうえで主体的な役割を果たした[17]．これはプレッシャーを減らし，子どもの潜在能力を高めるという両者に関係する政策である．

　生徒プレミアムの創設や無料学校給食の拡大とは対照的に，自由民主党のニック・クレッグが提唱した「キャンペアレント（CANparent initiative）」は，子育てプログラムへ参加できるバウチャーをすべての親に提供することで，子育て教室市場の強化を行うべく設計されたものであった．親なら誰でもバウチャーを手に参加できるようにすることで，そうした教室への参加に伴い，時として生じるスティグマの払拭がその狙いにあり，またバウチャー・システムによって，子育て教室市場の活性化も期待されていた．

　生徒プレミアムについては，見込み通り大変人気があることが明らかとなっている．また教育基金財団の一連のツールキットを通じて，公的財源が最も厳しい貧困下にある子どもたちに対する確固たる支援へとつながるよう，

17〕　レセプション（4・5歳），Year 1（6歳），Year 2（7歳）の子どもすべてが無料学校給食の対象となった，Universal Infant Free School Meals を指す．

最善の方法を確立すべく広範囲にわたり研究が行われてきた[9]．さらに，教育監査局（Ofsted：Office for Standards in Education）のガイダンスでは，スクールリーダー達に教育基金財団のツールキットを利用するよう指示が出されており，この方法はより深く根付いたものとなっている．キャンペアレント試験事業の評価報告（Lindsey et al, 2014）によれば，バウチャーが利用可能な場合，子育て教室市場の活性化が可能であったこと，また教室に参加した親からは，子どもの行動が改善されただけでなく，自分が親としての役割を全うする存在だと感じたり，親の精神的ウェルビーイングの点で改善がみられたという報告があったという．ただし教室の普及率は極めて低調で，バウチャーによる有意な普及効果はみられなかった．第5章で述べるように，たとえ世界的にみて最善のプログラムであっても，親が参加しなければ子育て行動は変えられない．需要への働きかけなしに供給を生み出してもうまくいかないことが示されているのである．

　連立政権は積極的家族政策を続けたものの，生産年齢層の大人とともに家族と子どもは緊縮財政のあおりを受け，国家活動の余地は急速に狭まった．優先事項として子どもの貧困よりも社会移動に焦点がシフトし，それに伴い親や子どもの潜在能力の構築が強調されるようになった．その一方，給付カットで家族が直面するプレッシャーは増大した．

## 3.　保守党政権下での家族政策

　2015年の選挙結果は，すべての政党にとって驚くべきものだった．選挙キャンペーン中の世論調査から，どの政党も単独で絶対多数とはならず，労働党と自由民主党，ないし保守党と自由民主党という形で連立政権が続くという予測がはっきり示されていたからである．保守党が絶対多数の議席を獲得し勝利したことで，自由民主党が抱く次なる家族政策のアイデアはほぼ置き去りにされた．加えて，保守党の政策を修正する影響力は消え去り，それは緊縮の継続を意味していた．

　早期介入交付金の使途の制約は，ついに 2015 年に撤廃された[18]．それに伴い，地方政府は就学前幼少期児童サービスについて，従来以上に柔軟な財源の振り分けが可能となった．ただしその一方で，地方自治体にとって，家族向けサービスにいくら支出するのか，またターゲット型サービスとオープンアクセス型サービスとの間で支出をどう割り振るかについての判断は以前よりも難しくなった．2010 年から 2017 年の間に，シュア・スタート・チルドレンズ・センターへの支出はほぼ半減している（Hayes, 2017）．

　2015 年に，政府は子どもの貧困に関する指標から所得（相対的貧困率など）を外した．そして子どもの貧困に関する法定目標を撤廃し，目標の達成に向け，地方自治体が戦略を立てる義務も取り払った．筆者らが本書を世に出そうと考える契機となったのが，このラディカルな政策の改変であった．それは社会正義センターの報告書『壊れたイギリス』から着想を得て連立政権下で始まった，子どもの貧困の再定義という大転換の到達点ともいうべき変化であった．新しい「2016 年福祉制度改革・労働法（Welfare Reform and Work Act 2016）」では，子どものライフチャンスに関する測定可能な指標は，就労者のいない家族で育つことと，16 歳時点での子どもの学業成績という 2 つに過ぎず，所得や幼児期に関する指標はゼロであった．2010 年に法制化された，所得に基づく 4 つの子どもの貧困指標（相対的貧困，慢性的貧困など）について，数値を公表する義務すら撤廃しようとする企ては貴族院で失敗に終わったが，子どもの貧困に関するすべての目標は廃止され，無職の削減と学業成績の改善に指標が置き換えられたのである．「子どもの貧困と社会移動委員会（Child Poverty and Social Mobility Commission）」は，「社会移動委員会（Social Mobility Commission）」に改名された．これはまさに分水嶺となった．子どもの貧困の法制化に関するこうした変化への対応として，スコットランドは分権化された権限を活かし，2018 年に子どもの貧困削減に関する法定目標を再導入した．

---

18〕　早期介入交付金が，より大きな資金枠組みの中に吸収されたことを指している．

ジョージ・オズボーン財務大臣（当時）が発表した 2015 年の予算書では，緊縮措置の継続が明らかとなった．これは無職世帯のみならず，勤労世帯で暮らす子どもにも多大なプレッシャーを与えた．とりわけ子育て世帯に深刻な影響を与えた福祉カットは，下記の通りである．

- 家族に対する総給付額の上限が 26,000 ポンドから 23,000 ポンドに下げられた．
- 児童税額控除は最初の 2 児にのみ給付され，大家族へのさらなるカットがアナウンスされた．
- 完全導入に時間がかかっているユニバーサル・クレジットへの移行によって，申請者はこれまで以上に困難な状況に置かれ，多くの場合，懲罰的な扱いを受ける．特にサンクションを伴う場合，多くの受給者への月々の給付が滞りかねない．月ごとの給付が遅れると次にそれを受け取るまでの数週間，極貧に近い状態となる家族も出てくる（National Audit Office, 2018）．

　地方自治体に対する一層の削減は，高齢者向け社会的ケア整備のプレッシャー増大と並び，家族支援サービスへ充てられる財源のカットを意味していた．また多くの削減は，数年かけて段階的に実施されるよう意図されていた．予算責任庁（Office for Budget Responsibility）は 2015 年政府予算案を受け，今後 10 年にわたり子どもの貧困は悪化すると予測した．財政研究所は 2021/22 年度までに相対的貧困率は 7%，絶対的貧困率は 3% 悪化すると予測している（Hood and Waters, 2017a）．連立政権時に発信したメッセージと同じく，保守党政権は，とりわけ**最も不遇な家族**に届くという点に強い関心を抱いていた．その結果，困難家族イニシアティブは拡大され，より多くの家族がその対象となった．

　連立時と比べ，保守党単独でのデイヴィット・キャメロン政権は短命であった．2016 年 6 月の国民投票で EU 離脱派が勝利して間もなく彼は政権の

座を降りている．しかしながら，2016 年 1 月の演説では，社会政策への強
い関心と将来への希望が示されていた．退陣により頓挫した誓いではあった
ものの，彼は演説の中で，いわば**社会正義戦略**を約束していた．経済成長に
よって誰もが得をするというサッチャー的アプローチも，社会政策は公的支
出を通じて解決可能とする労働党のアプローチも，彼はそのまま受け入れる
ことはなかった．彼が関心を抱く主たる要素のいくつかが，1 月の演説で示
されている．

　　とりわけ世代にわたる失業，依存症，あるいはメンタル面での不健康に
　　より，あまりにも多くの人々が置き去りにされている．

　　取り残されているだけではない．マイナスからスタートしている人たち
　　がいるのだ．

　　われわれには，より社会的なアプローチが必要だ．（中略）このアプロ
　　ーチで，社会問題はいかに結びついているのか，どのようにして相互に
　　影響を強めていくのか，人々の人生を通じてそれらがいかに顕在化する
　　のか，またその結果として機会の差がどう生じるのかについて，われわ
　　れはさらに深い全体像を描いていく．（Cameron, 2016）

　キャメロンの解決策の一例は，下記の通りである．チャイルドケアの支払
いで雇用所得が消え去ることがないよう，就労中の人々に対し，無料のチャ
イルドケア利用資格を週 30 時間にまで延長すること．貯蓄を促す政策に投
資すること．そして，人間関係の支援に関する公的資金を拡大することであ
った．しかしながら，人間関係の支援に関する目立った財源の拡大は実現で
きなかった．また演説では，人生の最初の数年間や，新たに親となる者への
子育て支援が重要だと述べているが，その一方で具体的に示した提案とは，
養子縁組手続きの迅速化や児童保護サービスの改善といったものであった．

最後に，彼は演説の中で困難家族プログラムの規模拡大について触れている．キャメロンのアプローチは，家族の所得を完全に考慮から外しているわけではない．しかし依然として，人々の行動を変えることや，長期失業，アルコール・薬物依存，反社会的行動といった完全に固定化された問題に絞り込んだ解決案を強調していた．彼は親たちの潜在能力の改善に非常に力を入れていた．だがそれと同時に，保守党のその他の政策には，貧困度の高い家庭に対しさらなる多大なプレッシャーを与えるものが含まれていた．

### 保守党政権は新たな首相へ：異なるアプローチの採用

キャメロンの辞任に伴い，テリーザ・メイが 2016 年 6 月に首相に就任した．首相官邸前で彼女が行った最初の演説は，社会政策の展望について望みを感じさせるものであった．彼女の掲げるテーマは連立政権の時から変わっていなかったが，下記の通り，社会正義の問題への深い関与を表明した．

> それはつまり，もし貧困の中で生まれたら，ほかの人よりも平均して 9 年短く人生を終えるとか，黒人だと白人よりも刑事司法制度で厳しい扱いを受けるとか，労働者階級の白人少年だと英国の誰よりも大学へ進学する可能性が低いとか，公立校の生徒は私立の生徒に比べトップの職業に就く可能性が低いといった，ひどい不正義と戦うということです．（May, 2016）．

彼女はまた次のように述べ，**生活のやりくりに苦労する**家族への配慮も示している．「けれども英国をすべての人にとって機能する国にする使命は，上記の不正義と戦うだけに留まりません．労働者階級の一般家庭の出身であれば，ロンドンの政治家が思い至る以上に，暮らし向きは厳しいのです．」
だが残念なことに，緊縮策の継続に肩入れしつつ，イギリスをなんとかEU から離脱させるという非常に大きな課題に直面したため，不正義に抗する高尚な志は失われた．保守党はかろうじて単独過半数という状態であり，

党内は EU 問題で深く分断されたままであった．メイ首相は 2017 年 6 月に
解散総選挙を実施することで，議席数を伸ばしたいと考えていた．だがジェ
レミー・コービン率いる労働党の驚くべき復活によって保守党は単独過半数
の議席を失い，北アイルランドの民主統一党（DUP：Democratic Unionist
Party）との協力協定に頼らざるを得なくなった．

　メイが家族政策に手を出せないのには理由があった．民主統一党は社会に
ついて極めて保守的なスタンスを取っており，またブレグジット（イギリス
の EU 離脱）の交渉には，莫大な政府の時間と公務員というリソースを費や
していた．それ以外にも，メイが子育てについて積極的に発言することをた
めらわせた理由として，より個人的な事情が考えられる．保守党のリーダー
を決める際，メイと党首争いをしたアンドレア・レッドサムは，メイには子
どもがいないため不適任だと述べた．報道陣から厳しい批判を受けレッドサ
ムはこの発言を撤回したが，それにより，メイのアドバイザーは家族政策の
分野について慎重になったかもしれない．また，先ほどのような発言は，今
なお政治情勢においてジェンダーの問題が数多く残されていることを示して
いる．男性が政治的に責任ある地位に就くことが適格かを考える際，その人
が父親か否かは決して問われない．

　親や貧困に関する課題について，メイはすべての先任者と同じく，雇用こ
そが貧困から抜け出す最善の方法だと考えていた．就労中の家族に対する週
30 時間の無料チャイルドケアの方針を維持し，生活基盤の弱い子どもや家
族への支援は引き続き必要だとしたものの，より広範な家族支援に関する言
及は皆無に等しかった．2017 年の保守党マニュフェストで，家族と子ども
について触れられているのは該当する章の最後の数ページである（Conserva-
tive Party, 2017）．いくつかの取り組みはあるものの，総じて，子どもと家
族へのアプローチは断片的なものである．直近でいえば，政府の社会移動戦
略の一部として，家庭学習環境（HLE）の支援に深く関与したほか，幼児期
を改めて強調した点が挙げられる．2018 年 7 月に着手がアナウンスされた，
出産前ケアを含む 2 歳未満児向けサービスに関する政府横断的レビューにつ

いて，アンドレア・レッドサムがそのトップに据えられた．彼女は出産前ケア・乳児ケアに関する，それ以前に行われた超党派での研究でも主導的役割を担っていた（Leadsom et al, 2014）．今後公刊される最新のレビューでは，赤ちゃんと母親の周産期のメンタルヘルスを強調すると思われるが，リスク因子として貧困を考慮することはないだろう．2014年の報告書では，より広い経済状況や，それが母親と赤ちゃんに与える潜在的影響についての言及は一切なかった[19]．

　メイが解散総選挙を行う前の短期間に，当時の教育大臣ジャスティン・グリーニング主導のもと，子どもや若者に焦点を当てた2つの重要な取り組みが存在した．1つは性・人間関係教育に法的根拠をもたせ，いずれは人格的・社会的・健康教育（PSHE：Personal, Social, Health Education）を法的に位置づけられる権限の獲得を目指したことである．これは長らく保守党員のあいだで論争となっており，彼女の前の教育大臣であったニッキー・モーガンはそうした教育の法的位置づけを試みたが棄却されていた．今後の人生に備え，子どもや若者に対し一般科目に留まらない広い教育の提供が必要という認識は十分に存在した．またグリーニングも，社会移動が「生じにくい場所」となっている国内6か所に「教育の機会」エリアを導入し，そこでの学校の授業や知識の習得支援に6,000万ポンドを拠出した．その後，次の教育大臣であったダミアン・ハインズのもと，対象エリアは12に拡大されている．ただしグラマースクールの検討事項[20]の対応に消極的だったため，2017年の総選挙のあとグリーニングは教育大臣の職を辞している．

　親どうしの人間関係の支援は，『生活を改善する：無職家族への支援』（DWP, 2017b）の出版により，引き続き世間の注目を集めてきた．従来の保守派の家族向け政策と決定的に異なっていたのは，結婚や安定性の重視から，

---

19〕　2021年に新しい報告書が作成されており，そこでは，貧困に触れてはいるが深い考察はみられず，ユニバーサル・クレジットや税制への言及もみられない．

20〕　公立の進学校という位置づけだが，実際には無料学校給食の対象となる低所得世帯の子どもの在籍率がかなり低く，貧困家庭を排除していると批判された．

2 人が結婚・同棲・離婚・離別のいずれであろうとも，両者の関係の質へと，強調するポイントを変えた点にある（第 3 章を参照）．親どうしの関係を支援し，2 人の諍いを解消へと向かわせる介入策やサービスを拡大するため，地域レベルのイノベーティブな取り組みに追加で 3,000 万ポンドを拠出すると発表された．これは雇用年金省の人間関係改善プログラム（Relationship Conflict Programme）となり，国内 4 つの地域で運用されるようになった．しかし，そのアナウンスと同時に，税額控除および給付の 120 億ポンド削減策が導入された．これに対し，政府は子どもや家族を貧困へと駆り立てており，多くの場合，そもそも極度の低所得で暮らす重圧やストレスの結果生じるのが家族内摩擦なのに，わずかなお金でしかそれに対応していないという非難の声が上がった．先述の『生活を改善する』の出版に沿って，政府は無職家庭の暮らしを測定・観察するべく 9 つの指標を採用した．その指標は 2 つのグループに分けられる．すなわち，親の不利な状態に関するものと，子ども・若者の教育・雇用の成果に関するものである．分析データが記載された文書（DWP, 2017a）では，前者，すなわち親の不利な状態に関する指標に直接言及されている．それはまさに社会正義センターの『壊れたイギリス』報告書と同じく，固定化された無業状態，家庭崩壊，対処が困難な債務，薬物・アルコール依存の測定に力を入れるという政府のマニフェストを履行するためのものであった．

　現在，ふたたび早期介入に注目が集まっている．国民保健サービス 10 か年計画に加え，青少年のメンタルヘルスおよび刃物犯罪という 2 つの特定の政策領域において早期介入は重要なテーマの 1 つである．前者はメンタルヘルスの問題を抱える若者の割合が急増し，際立っていること，また後者は暴力による犯罪，とりわけ刃物犯罪が増加していることへの対応である．緑書『青少年のメンタルヘルス構築準備の転換』（Department of Health and Department for Education, 2017）では，すべてのメンタルヘルス条件のうち約半数は 14 歳になる前までに形成され，早期介入が重要な役割を担いうる点が強調されている．保健相と教育相が共同で序文を寄せており，すべての

学校（義務教育）およびカレッジ（16歳以上）で特定シニアリーダーを設置することや，新たなメンタルヘルス支援チームの創設，専門医サービスを4週間で提供すること，および先行エリアが提案されている．2018年4月に立ち上げられた，重大暴力への対応戦略（Serious Violence Strategy）は，異なる複数のセクターが参加し，予防と早期介入を重視する，法的措置に留まらない戦略の必要性を強調していた．深刻な暴力と刃物犯罪の継続的な増加基調を受け，内務省は，若者の暴力の危険性が高まる10歳から14歳の子ども向け早期介入のエビデンスを築くべく，2億ポンドかけて若者関連内務省提供基金（Youth Endowment Fund）を立ち上げた．

　乳幼児期については，言語発達に関心が集まってきた．そのなかでも，家庭学習環境に加え，子どもが将来，読み書きの能力や他の成果面で成功する道を開く，豊かな言語経験を提供できない親がいるという議論が，特に注目されている．またテリーザ・メイは特にジェンダー平等や人種の平等，DVへの取り組みを強く主張していた．彼女の人種の平等性への深い関与は，**人種格差監査**[10]によって後ろ盾を得ていた．この監査は，とりわけ雇用の面でエスニック・マイノリティ集団に影響を与える不平等の度合いを明らかにしている．家族の暮らしの変化に応じた公共政策を反映するものとして，カップルの人間関係をめぐる法律面の一層の自由化を示す2つの重要なアナウンスがあった．1つは無過失離婚[21]を盛り込んだ法の整備である．これは，とりわけ親どうしが長期的な摩擦状態に陥ったケースで子どもに大きな利益をもたらす．もう1つはシビル・パートナーシップを異性カップルにまで拡張する旨の表明である．こちらは自らの性別にかかわらず，結婚するかシビル・パートナーシップを結ぶかのいずれを選択しようとも，親子にさらなる安定性をもたらす支えとなる．

　2017年から2018年にわたり，ユニバーサル・クレジット（UC）への懸念と貧困家庭への給付の変化がもたらす全般的影響への対処を求める圧力はま

---

21〕　いずれにも明らかな落ち度がなくても離婚できることを指す．

すます増大していった．貧困家庭から際限なくお金を取り上げうるものであり，政治的代償を払っていないと，とある筋からみられたのは当然の成り行きであった．議会で辛うじて過半数を上回る程度の支持，市民やボランタリー部門組織のみならず様々な政治的スペクトルに位置する者からの圧力，福祉支出への公的態度の軟化という複合的要因により，ユニバーサル・クレジットは見直しを迫られているように思われる．このことは，公的支出に関する政府の政策の方向性に著しい変化が見られた 2018 年予算に反映されていた．世間一般からの圧力や，保守党議員からの政治的圧力が増大したことに加え，予期せぬ財政の好転に支えられる形で当時の財務大臣フィリップ・ハモンドは緊縮の終了を宣言した．緊縮が終わったか否かという問題については，財政研究所が分析している（Zaranko, 2018）．それによれば，2023 年までに各省庁への実質ベースの歳出額は 2009-10 年と同レベルにまで増加すると予想され，緊縮は終わるといえる．しかし歳出の分野に応じて状況は変わる．国民保健サービス，外国援助，国防を除いた各省庁の実質ベースの総支出額は横ばいであり，今後の人口増加をふまえ 1 人あたりで計算すると減少に転じる．社会保障支出に関しては，緊縮は終わっていない（Waters, 2018）．移行[22] をサポートし，給付の減少幅を抑えるためユニバーサル・クレジットに資金投入（17 億ポンド）が行われた一方，2015 年予算で示されたユニバーサル・クレジット制度の 13 億ポンド分の削減に変更はない（Resolution Foundation, 2018）．さらに，他の福祉制度の変化，とりわけユニバーサル・クレジットの原則第 3 子以降の加算廃止，家族プレミアム[23] の廃止，社会保障給付水準の凍結は，低所得者，なかでも無職者への大幅な給付の減少につながる．利益団体の強力なロビー活動を受け，2017 年 4 月以前に誕生した子どものいる家族については，新たに申請する場合も含め，第 3 子以降に扶養加算が行われるよう加算廃止制度は修正された．しかし依然として

---

22）　既存の様々な税・社会保障給付制度からユニバーサル・クレジットへの移行を指す．
23）　住宅給付およびカウンシル・タックス（居住用資産の価格に応じて課税される地方税）に適用されていた子育て世帯への優遇措置．

現在から 2023 年までの間に，毎年 40 億ポンドの福祉給付のカットが行われる．家族支援サービスの財源捻出のため，地方自治体の予算にプレッシャーがかかるとともに，低所得の家族への締め付けが続いている．さらにブレグジットを実行するうえでの政治的・実践上の複雑さに，莫大な時間および公務員という人的資源を奪われてきたが，これはメイが取り組みたいと願い，現在は後任に託した社会正義の問題に費やすことも可能な資源であった．

## 4. ジェレミー・コービン率いる労働党の家族と子どもへのアプローチ

労働党の 2017 年のマニフェストでは，大幅な課税強化で財源を確保し，家族と子どもたちの機会の改善を目的とする様々な政策が掲げられた．幼児教育と保育は，ゆりかごから墓場までの国民教育サービス[24] の一部として公約されている．現政権のチャイルドケア拡大と継続性はあるものの，政府による補助金付きの直接供給，保育施設での大卒リーダーの増員，現存のシュア・スタート・センターの保護という体系へシフトする意志がみられる．マニフェストでは，子どもの権利条約をイギリスの法律へ組み込むことや，ワーキングプアを念頭に置いた新たな子どもの貧困戦略が必要になるとされている．また肥満の抑制，口腔衛生の改善や，メンタルヘルス不調への対処を目指す野心的な子ども健康目標が設けられている．福祉支出に関しては，労働党のアプローチは不明瞭であった．ユニバーサル・クレジットへの 20 億ポンド投入については明言しているが，とりわけ社会保障給付水準の凍結，それ以外にも社会保障給付の上限設置，原則第 3 子以降の加算廃止といった，70 億ポンドに及ぶ他の福祉カットを覆す姿勢はみられなかった．ただし 2018 年予算を受け，労働党は社会保障給付水準の凍結廃止の立場をとった．

---

24〕 マニフェストで提案された，生涯にわたる教育システムを指す．

## 5.　結論

　本章で述べた通り，近年の一連の政権は親と子育てに極めて強い関心を抱き，家族生活に対する国家の役割は転換した．政策は意図をもってプレッシャーを削減し，潜在能力を高めようとしてきた．ただし直近では，政策が潜在能力の向上に努めると同時に，プレッシャーを大幅に増大させている．

　労働党の政策は，子どもと年金受給者の貧困を減らすため，雇用対策と所得移転に力を入れた．一方で，子どものいない生産年齢の大人が顧みられることはほとんどなかった．その後の連立および保守党政権では減税が実施された．減税は子を持つか否かにかかわらず，所得分布の上位50% 以上の世帯に恩恵をもたらす傾向にあり，所得格差による貧困は問題の中心から離れていった．公的支出を大幅に圧縮するべく，赤字削減の流れを一手に引き受けさせられた生産年齢の大人や家族の給付カットに力点が置かれた．かつて誰でも使えた多くの家族サービスは絞り込みの一途をたどり，主たるサービスへの投資も大きく削減された．人間関係や子育てへの介入に対する比較的小規模な投資は，深刻かつ悪化が続く困難な状況をふまえれば成功したとはいえそうにない．直近10 年にわたる投資とは，公平，機会，平等というレトリックに匹敵するものではなかったことに疑いの余地はない．

　様々な要素が結びつき，政策上の変化を生み出してきた．なかにはイデオロギー的な変化もあった．それは，とりわけ公的支出の規模や，国家の大きさ・役割について各々の政権が抱く政治的価値観を反映していた．他にも，外的な出来事への対応によって生じた変化もあった．スケールの大きなものとしては，グローバル金融危機とそのイギリス経済への影響や，EU 離脱をめぐる投票がある．加えて，複数の公的機関が事前に察知しながら防げなかったヴィクトリア・クリンビエの死といった，規模は小さいが重要な出来事もあった．また，長らく存在する問題の解決法に関する研究から，新たに得られた見識に加え，世間や市民社会組織からのプレッシャーによって突き動

かされた政策変化もあった.

　しかしながら，政権によって違いがある一方，この期間を通じて共通した特徴もある．われわれは政策や法律の制定が，徐々に家族の構造・役割・規範の変化に追いつく様をみてきた．それは具体的にいえば，サービス供給の中核たる幼児教育と保育，それを足掛かりとしたワーク・ライフ政策，親・カップル・子どもの潜在能力向上への着目，メンタルヘルスとその影響のさらなる認識，リスクを抱える青少年への注目，そして法で定められた最低賃金のことを指している．第5章と第6章ではこうした政策の成功と失敗を評価し，家族政策の未来のための考察を提示する．

### 注

1　Cabinet Office（1999）および，以下を参照．https://assets.publishing.service.gov.uk/government/uploads/system/uploads/attachment_data/file/260759/4181.pdf

2　以下を参照．www.tameside.gov.uk/yot/parentingorder

3　以下を参照．www.cypnow.co.uk/cyp/news/1031556/parenting-orders-a-little-help-for-parents

4　以下を参照．https://www.theguardian.com/commentisfree/2017/oct/10/behavioural-economics-richard-thaler-nudge-nobel-prize-winner

5　本文で取り上げていない4つ目の報告書は，2011年に刊行されたクレア・ティッケル著『幼児期：生活，健康，学習の基礎，イギリス政府への乳幼児基礎段階に関する独立機関報告書』である．

6　以下を参照．〔原著に記載のURLはリンク切れのため別の政府サイトのURLを示している〕https://assets.publishing.service.gov.uk/government/uploads/system/uploads/attachment_data/file/284086/early-intervention-next-steps2.pdf

7　その他のホワット・ワークス・センターは，イギリス国立医療技術評価機構（NICE），児童社会的ケアのためのホワット・ワークス・センターなどである（詳細は以下を参照．www.gov.uk/guidance/what-works-network#history）．

8　以下を参照．https://policyinpractice.co.uk/under-the-hood-what-universal-credit-means-for-council-tax-support-schemes/

9　以下を参照．http://educationendowmentfoundation.org.uk/evidence-summaries/teaching-learning-toolkit/〔上記ウェブサイトではツールキットとして，たとえばクラスの規模縮小，行動への介入，つきそい型支援など様々な取り組みの費用，エビデンス，与えるインパクトの大きさが分かりやすく示されている〕

10　以 下 を 参 照．http://assets.publishing.service.gov.uk/government/uploads/sys
tem/uploads/attachment_data/file/686071/Revised_RDA_report_March_2018.pdf

# 第**5**章
# 子どもと家族の生活を改善する

　第4章で取り上げた多岐にわたる政策やプログラム，介入，そして表明された意向から，今や家族生活における国家の正当な役割が，特定の政治的スペクトルを超えて一段と支持されていることが明らかとなった．本章では，そうした政策がどのように（とりわけ貧困状態に置かれたり，不利な状況に直面している）子どもの成果やライフチャンスを改善してきたかを評価する．当該期間の政策には様々な目的があった．具体的には，子どもの貧困の削減，貧困が子どものライフチャンスにもたらす負の影響の抑制，社会移動（ソーシャル・モビリティ）の改善，そして時にみられたのが，不平等の削減であった．以下では，家族政策がエビデンスに基づいていたか，あるいはそれ以外の研究に依拠していたのか，また親と子どもの両方の潜在能力やアウトカムを改善させる効果はあったのか，そして，直近20年を通じて全英規模の機会や不利のパターンを変えてきたのかを検証する．

## 1.　科学的根拠（エビデンス）の役割とは何か

　この章に至るまでに本書で取り上げた政策の多くは，様々な専門分野のエビデンスや他の研究に依拠したものであったことが，読者の方にも伝わったかと思う（エビデンスおよび他の研究の具体的な類型に関する議論は第3章を参照）．社会問題を特定し，数値化し，理解するためにデータを用いる機会は増えた．しかし，必要（ニード）そのものに関するエビデンスと，うまく必要（ニード）に対処するものは何か（what works）についてのエビデンスは同じではない．特

に公的支出にプレッシャーが向けられるなか，政策課題に取り組むうえで効果的な解決策が探求されてきた．政府およびその他での，エビデンスをふまえた公共政策への関心の高まりは，ホワット・ワークス・センターとその前身機関の創設，およびそれらの多様性によって説明できる．それらはまとめて，労働党，自由民主党および保守党が行った，社会的介入の評価に対する大規模な投資だといえる．ホワット・ワークス・アプローチの際立った（そして，ときに論争を呼ぶ）特徴は，とりわけ公共政策の評価を重視し，科学的手法を**社会や経済**の問題に応用してきた点にある．ランダム化比較試験（RCTs）や準実験デザイン（QEDs）は，介入にインパクトがあったかを明らかにする際に，以前よりも多く用いられるようになった．すべての政策や実践がランダム化比較試験のテストの対象となりうるわけではなく，またそうすべきでもないが，われわれはこのアプローチを通じて政策がアウトカムに直接与える因果効果を推定できる．また場合によっては，その改善方法の知見を与えてくれるかもしれない．しかしながら，社会的介入の評価を行ううえでランダム化比較試験を過度に信頼すると生じるリスクもある（詳細は本章の終わりで説明する）．

　もちろん，エビデンスは常に進化しており，この20年間も進化を続けてきた．大学やアカデミックジャーナルに埋もれていた研究の調査結果や知見は，新たな発見とともに，直近20年で政治的見解や政策思考に関与するようになった．例えば，シュア・スタートの創設や，労働党政権下での保育・幼児教育の拡大，労働党政権と連立政権にまたがる子育てプログラムへの投資，そして近年の保守党政権下での人間関係支援への着目に影響を与えた．

　何の目的も持たず，外の世界と離れてエビデンス収集だけが行われることはないし，エビデンス収集が政策を決定づけるわけでもない．何を問題とするか，および実際に採用される解決案は，政治的な価値観と優先度により形づくられる．政治家は，エビデンスがあまりにも挑戦的であったり，実践に向いていなかったり，自分の価値観や政治的見解に沿わないがゆえに，それから目を背けるかもしれない．最も望ましいケースでは，エビデンスをふま

えた政策決定の場が出来上がることで，今後の政策構想の支えとなる実験や
合理的な見方が可能になるだろう．

## 2.　家族・子ども支援策は効果的だったのか

　ここまで，子どもの生活や将来のライフチャンスを形づくる様々な要素に
ついて，幅広い研究があることを確認した．第 3 章のブロンフェンブレンナ
ーの図は，社会，コミュニティ，家族，子どもという各次元の諸要素を政策
に組み入れる必要があることを指摘している．本書で論じたすべての政策や
介入を評価することはできないが，以下では子どもの成果を改善する 4 つの
アプローチの特徴と有効性について探っていく．

- 社会レベルで貧困を削減する機能を持つ，社会保障給付と税額控除政策
- 子どもの就学準備を改善し，親たち（特に母親）が有償労働に就くこと
  を可能にする幼児教育と保育
- サービスの調整や統合によって，家族への支援体制を変革しようとする
  試み
- 親と子の相互関係・親どうしの関係・子どもの認知スキルと非認知スキ
  ルを改善するセッションをどれだけ行うのか実施内容が明示化された活
  動が含まれる，エビデンスに基づくプログラム

　1 つ目は明らかに家族へのプレッシャーを削減する．2 つ目は，親の所得
を増やすことでプレッシャーを減らしうるとともに，サービスの質が十分に
高ければ子どもの潜在能力の向上も可能である．サービスの統合は，プレッ
シャーの削減と潜在能力向上の，いずれか一方ないし両方に役立つだろう．
ただし，利用者側のサービスへのアクセス方法や，サービスのあり方につい
て改善を図ることも重要である．エビデンスに基づくプログラムは，親と子
どもの潜在能力の向上に関わるものである．また子どもに手を焼かず，うま

く対処する技術やスキルを親たちへ提供することも，プレッシャーの削減に
つながり得る．

## 社会保障給付と税額控除

　社会保障給付と税額控除システムの改革は，貧困家庭のもとで暮らす子ど
もの生活水準を改善するうえで，主要かつダイレクトな手段の1つである．
私たちの世代で子どもの貧困を根絶するという労働党政府の意気込みは，子
どもに与えられる機会の改善を目的とする様々な政策をもたらした．ただし，
実際に子育て家族の所得を押し上げるうえで主たる原動力となったのは，労
働市場参加の促進，国定最低賃金，チャイルドケアの拡大，そして社会保障
給付改革と税額控除の創設である．以下では現金給付と税額控除に着目する．
　Hills（2013）は，労働党による所得移転改革が様々なグループの人々に与
えた主な特徴や影響について分析している．1996/97年から2010/11年の間
に，イギリスでの社会保障給付と税額控除の支出額は1,140億ポンドから
1,828億ポンドに膨らみ，実質ベースで約61％増加した．家族や子どもに関
連した給付と税額控除への支出は，160億ポンドから400億ポンド近くに増
え，総支出の実質増の約3分の1に相当する金額となった．同じ期間でみる
と，2010/11年までに子どもの貧困率（住居費控除後の所得の中央値の60％
未満の割合）は，34％から27％へと7％下がっている．所得の中央値の
40％未満，50％未満，60％未満という3つのパターンで計算した子どもの
貧困率をみると，そのいずれもこの期間に低下している．そのため，わずか
な給付によって所得の中央値の60％という貧困線だけを少し上回るよう意
図された政策だという批判は妥当ではない．また，ひとり親とふたり親の就
労率を引き上げた，ひとり親のためのニューディール（New Deal for Lone
Parents）[1]および，影響は限定的ながら，国定最低賃金[1]は，家族の所得を

---

[1]　主にひとり親を対象とする就労支援プログラムだが，その後拡大され，2008年4
　　月よりロンドンや一部の地域では，ふたり親であっても週16時間以上の職に就けば，
　　その一要素である就労クレジット（In Work Credit）の対象となった．

増やし，ひいては子どもの貧困を削減するうえで一定の役割を果たしていた．ただし，子どもの貧困削減の大部分は，税額控除と給付の改革によるものであった（Joyce and Sibieta, 2013）．

　Hills（2013）の分析では，子育て家族への税額控除と給付による所得増は，労働党政権時の子どもの貧困削減に効果的であったことが示されている．しかしながら，この政策についてはいくつかの批判がある．第一に，有償労働に就く家族への税額控除は事実上，雇用主への補助金となり，彼らが支払う賃金は安くて済む．そのため，こうした政策は労働市場での不平等の根本的な原因に対処していないとされる．国定最低賃金は，賃金がこれ以上は下がり得ない最低限度を設定することで，まさにこの雇用主への補助を抑える手助けとなる．ただし，低賃金かつ/ないしパートタイム労働者（とりわけ母親）が継続して職に就いたり，上昇移動することが難しい点は従来のままである．低賃金労働者，とりわけ女性の求人市場での上昇移動は通常みられず，むしろ例外的であり（Bastagli and Stewart, 2011），その問題に取り組んだ対策には，うまくいったものも，そうでないものもある．より最近では，低賃金部門の規制や，低賃金労働力のスキル形成・訓練・キャリアパス向上の強化によって，労働市場の不平等に対処しようと試みる頼もしい提案も幅広くみられる（Taylor, 2017；IPPR, 2018）．しかし，こうした政策を組み入れるには時間がかかり，低賃金雇用に就く家族にとって十分なだけの現金のニーズがなくなる様子はない．

　第二に，子どもの貧困（そして年金受給者の貧困）削減に専念することは，子どものいない生産年齢層たちの貧困の悪化という犠牲を払ってきた．それは確かだが，労働党が政権に就いた際，子どもの貧困率はヨーロッパで最悪レベルという状況を引き継いでおり，他のグループよりも次世代を優先する正当性は強く存在した．

　第三に，税額控除およびチャイルドケア控除改革については，労働インセンティブへの影響と複雑さが，ずっと批判の的となっていた．労働インセンティブとの関連でいえば，当該期間に新たに働きに出ようという気にさせた

118

点では概ね安定的であったが，すでに就労している者のなかには，今以上に
働いて稼ごうとする気持ちを削ぐ部分があったと Hills（2013）は述べている．
労働党の税額控除改革によって，すでに複雑であったシステムに，さらなる
上乗せが行われたのは事実である．家族が受け取る権利を持つすべてのもの
を確実に入手できるよう，地域レベルでシステムを管理するのは極めて困難
であった．大人は職に就いたり離れたり，労働時間を増減させたり，新たに
子を儲けたり，離婚したり，再婚したり，深刻な健康上の問題を抱えていた
りと様々である．各種給付の受給資格を決める際，これらすべての要素を考
慮せねばならない．そして家族の状況は刻々と変化する．

　保守党も，労働インセンティブと社会保障給付制度の複雑性に関心を払っ
てきた．ユニバーサル・クレジット（UC）は，新たに就労するインセンティ
ブと，すでに就労している人々が稼得を増やすインセンティブの両方を強
化する意図を持った，主要改革の1つである．カップルのうち1人のみ働い
ている場合はこれが機能するが，共働きの場合だと二番手の稼ぎ手（多くの
場合は女性）に対するインセンティブは弱まる．ユニバーサル・クレジット
は，ふたり親で稼ぎ手は1人という，今や子育て家庭の大多数とはいえない
家族形態を想定している．政府が，女性の事情について見直す兆候はある[2]．
ユニバーサル・クレジットは複雑さという問題への対処を意図しているもの
の，2015年予算の厳しいカットと併せて，家族生活の流動性に関するかつ
ての労働党の租税政策と似た困難に直面してきた．2018年予算ではユニバ
ーサル・クレジットへの移行を支援する財源として17億ポンドが投じられ
た．その結果，ジョージ・オズボーンがユニバーサル・クレジットから奪っ
た金額[2]の4分の3は今や財源に戻されたことになる（Resolution Founda-
tion, 2018）．より最近の財政研究所（IFS）の研究では，ユニバーサル・ク
レジットが人々の所得に及ぼす8年間にわたる影響が考察されている．そこ
では，全体でみて得をする者より損をする者の方が多く，平均すると，全人

---

2〕2015年予算で示した削減案を指す．

口のうち所得の最も低い 10% の人々が一番損をすることが分かっている．彼らの所得は 1.1% 下がり，これは大人 1 人あたり 1 年で 100 ポンド下がることに相当する．ユニバーサル・クレジットがいったん実施されると，1,100 万の大人がその資格を持ち，160 万の大人は 1 年あたり 1,000 ポンド以上増えるが，190 万人は 1 年あたり 1,000 ポンド以上減ってしまう[3]．しかし，多くの者にとって，この損は一時的なものである．なお 1 年に 1,000 ポンド以上の損をする者の 4 分の 3 は以下の特定のグループに属する．すなわち，金融資産が 6,000 ポンドを超える者，低い稼得額を申告した自営業の者，カップルのいずれか 1 人のみが国の年金支給年齢を超える者，そして一部の障害者給付の申請者である．実施上の問題は残ったままであり，その他の給付削減も，引き続き低所得者たちの生活水準に影響を与えている．

　すでに論じた通り，サービスへの財源も厳しくカットされており，最も公共サービスを頼りにしている低所得家庭に偏った悪影響を与えた．単純に労働党の対策があまりにも高コストで，所得に基づくアプローチとサービス改善との取り組みのバランスを大きくゆがめたと論じる者がいる．この議論は労働党政権下で，健康，教育，社会的ケアを含む公共サービスが大幅に増えた点を見落としている．子どもへの新たな支出は，サービスと現金給付の 2 つに等しく分かれていた（Stewart, 2013）．所得政策に注目が集まる一因となったのが，首相専属サービス提供事務局（Prime Minister's Delivery Unit）により定められた，主要な公共サービス協約（PSAs：Public Service Agreements）[3] のひとつである子どもの貧困目標であった[4]．各目標は意図せぬ影響をもたらしうるものの，所得格差による貧困を削減することは，子どものライフチャンスを改善する戦略において重要な一要素だというのがわれわれの見解である．それは 2 本立てアプローチで行う必要がある．つまり，所得移転と同時に，大人がより賃金の高い仕事に就く道のりを改善するアプローチでなければならない．所得移転は子どものみならず，幅広い家族が資源を

---

3）　各省庁と財務省の間で合意された公共サービスの達成目標を指す．1998 年に導入され，2007 年には 30 にわたる目標が示されたが，2010 年の連立政権で廃止された．

得るうえで効率的な方法である．親たちの大多数は子ども関連支出にお金を費やしており（Gregg et al, 2006），金銭は，対象とするグループにきちんと届いているといえる．また，すでに取り上げた研究（Cooper and Stewart, 2017）から，所得関連施策への支出の効果量は，教育ないし幼児教育への支出の効果量と近しいことが分かっている．所得移転は完全に中央政府の枠内で行う数少ない方策の1つである．ただし，数年後に行われた社会保障支出の急激なカットは，この政策がすぐに後退しうることを物語っている．

## 幼児教育と保育

現在，幼児教育や保育が子どもの成果に与える影響を調べた研究は数多くみられる．いずれもアメリカで実施された，3歳・4歳児向けのペリー就学前ハイスコア・プログラムと，5歳未満の子どもを対象としたアベセダリアン全日保育プログラムという2つの取り組みの存在が大きい．これらは厳密な評価を通じ，高品質の就学前教育とケアが，認知面・社会情動面の長期発達の成果に影響を与えることを示すものであった（Sylva et al, 2010）．どちらのプログラムも低所得・高リスクな家族のもとで育った子どもに対象を絞っていた．こうした知見をさらに証拠づける研究は他にもある（Ruhm and Waldfogel, 2011）．ただし度合いは低いものの，高品質な幼児教育・保育がもつプラスの影響は，より有利な家庭環境にある家族にも利益をもたらす．発展的研究では，子どもの成果に影響を与える良質な教育やケアの主たる特徴を具体的に示している．それは，高い教育資格や訓練経験を有するスタッフ，感受性と応答性の高いサービスの提供，個別対応型学習，そして子どもに対応する大人の比率の高さである（Waldfogel, 2006）．

幼児期への投資の根拠は，ノーベル経済学賞を受賞したアメリカのジェームズ・ヘックマンにより，さらに強固なものとなった．彼の経済モデルは，児童サービスへの投資のリターンと，サービスを提供された年齢に相関関係があることを実証した．乳幼児期の質の高いサービスは比較的安価で済み，長期的な利得を生み出す．子どもの年齢が上がるにつれ，介入は高くつき，

効果も弱まる．「ヘックマン曲線」は，家族や子どもに焦点を当てた集中的なサービスを，貧困下にある 5 歳未満児（の家庭）に絞って提供することの重要性を説く，最も強力な論拠の 1 つとなった[5]．ここで説明したプログラムやアメリカでの他の事例は，極めて社会的に不利な家族に対象を絞っていた．それゆえプログラムの質は高く，参加割合も高かった．アメリカの多くの研究において，コスト削減とは，対照群よりも介入群の方が刑務所に行き着く割合は低く，よって国家の収監の費用は節約できるという研究に基づいている．このあと述べる通り，イギリスではたとえ絞り込みがおこなわれていようとも，大半のプログラムの対象者は，幅広いグループの子どもたちである．そのため，（収監の費用を節約できるといった）先ほどのアメリカのプログラムをそのまま取り入れるのは難しいことが分かっている．幸いにもイギリスは，アメリカほど，はく奪度や収監率は高くない．

　アメリカの事例よりも幅広いグループの人々を対象としているが，イギリスでも幼児教育やケアの価値に関するエビデンスは存在する．あるエビデンスでは，保育・幼児教育の質が高いとき，それは 10 代になるまで子どもの成果を改善しうることが示されている（Hillman and Williams, 2015）．また就学前教育について 3,000 人の子どもたちを対象に実施された主たる縦断研究の 1 つ（就学前および初等・中等教育評価）では，質の高い就学前教育を受けた者について，GCSE（中等教育修了一般資格）の学業成績に持続的な改善がみられたことが示されている．また，影響が長期に及ぶことと，最高品質のサービス供給主体との間に相関関係がみられた[4]．不利な立場にある子どもは，特に様々な背景をもつ子どもと一緒の保育・幼児教育の場に参加したときに，便益を得ていた（Hillman and Williams, 2015）．キャシー・シルヴァら（Sylva et al, 2010）が述べた通り，「高品質の就学前サービス供給主体と，プラスの家庭学習環境という組み合わせは，子どもたちを非常に強力な成功への発展経路に導く」のである．ただしエビデンスによれば質は均

---

4〕　供給主体 settings とは，全日保育や保育学校，また初等教育（小学校）付属の保育学級・就学前学級（レセプション）などを指す．

一でなく，公費維持教育部門の方が，民間ないしボランタリー部門よりも質の高いサービス供給を行っている．2歳児と3歳児の圧倒的多数は，民間ないしボランタリー部門の無料サービス供給を利用する．4歳児になると，その多くが公費維持学校に通い，民間ないしボランタリー部門を利用する子はおよそ5分の1に留まる（Department for Education, 2018）．大切な点として，幼児期でみると，公費維持部門の教育サービス供給の方が公的資金は潤沢で，優れた資格と高賃金のスタッフを配置する傾向にあることに注意してほしい．社会政策では滅多にないが，比較的不利な背景をもつ子どもの方が，公費維持部門の供給主体に参加する見込みが高い．したがって幸いにも，最も品質の高いケアが必要となるであろう子どもの方が，実際にそうしたケアを受ける可能性は高い（Gambaro et al. 2014〔ガンバロ他，2018〕；Gambaro and Stewart, 2015）．

　ジョー・ブランドンらによる，より最近の研究では，2000年代初めに行われた3歳・4歳児向けの無料の幼児教育拡大の影響が検討されている．無料の権利保障を得られた子どもについて，レセプション終了時の評価は高かったものの，教育の受益全般でみると規模は小さく長続きしないことが分かっている（Blandon et al. 2018）．また，貧困度の高い子どもたちは無料の権利保障から，より多くの便益を受けるものの，その効果は控え目で長期的にみて差を縮めるほどではないというエビデンスを明らかにしている．それまでの研究の知見とは異なり，ブランドンらの研究では幼児教育の質の高低によって，子どもの成果に差はみられなかった．なお，その研究では教育監査局（Ofsted）のスコアないしスタッフの有する資格が質の尺度として用いられていた．しかしながら，受けた幼児教育によって相当規模の説明不可能な成果の差は認められたという．教育監査局の格付けと資格では，供給主体の違いによる実際の差をうまく捉えられないのかもしれない．こうした結果は残念である．研究での子どもたちの成果の測り方と，質を測るために用いた尺度に方法論的な弱点があるとの指摘もある（Sylva et al. 2017）．

　第4章で述べた通り，保育・幼児教育サービス供給の主たる狙いは，児童

発達よりも，むしろ女性の労働市場参入を促進するためのチャイルドケアの提供だったという主張も可能である．しかし，無料のチャイルドケアが母親の労働市場参加へ与えた影響についてのエビデンスは一様ではない．財政研究所（IFS）の研究（Brewer et al, 2016）では，無料のチャイルドケアが母親の雇用や労働時間に与える影響は限定的とされる．ただし，ひとり親の場合や，パートタイム職への無料提供の条件が緩和され，より柔軟になった後半の期間の方が，その影響は大きかった．第 2 章のデータで示したように，この 20 年で，母親が家庭外で有償労働に就くことに対する国民の意識は劇的に変化した．母親の就労率はかつてない高さにある．これは部分的には，就労者の全般的な増加，および生活水準を維持するためにはダブルインカムが必要ということと関係がある．もし雇用を支えるための幼児期サービスなら，費用が手頃かという点とサービスの柔軟さが優先される．一方，児童発達のための幼児期サービスであれば，その質と一貫性に重きが置かれる．この違いを代表するのが，民間・ボランタリー部門 vs. 公費維持部門という分け方である．ブランドンらの研究はほとんど民間やボランタリー部門しか見ていない．これは，政策立案者が幼児期サービスの拡大を考える際，その質よりも量に注目してしまうことを物語っているのではないだろうか．つまり，とりわけ母親が確実に働けることを主としてサービス供給を設計する場合，たとえわれわれが高品質と考えるものであっても，量がなければ不十分とされるかもしれない．

## サービスの調整と統合

シュア・スタート，すべての子どもの平等保証（ECM），困難家族（Troubled Families）は，いわば 3 つの主要な政策上の投資である．それらは家族向けサービス供給を増やすだけでなく，地域のサービスが上手く協働して機能する方法の改善を目差す，数多くの事例のなかの 1 つである．実際，そのいずれも早期介入と多機関連携を強調していた．しかし，各々は大きく異なる特徴をもっていた．シュア・スタートは，とりわけ貧困の度合いが高い地

124

域で暮らすすべての幼児を対象とするプログラムとして始まり，イングランド全体を通じた誰でも利用可能なサービスへ発展した．ECM は，第 4 章で述べた通り，地方自治体レベルのすべての児童サービスの提供を包括的に設計し直したものである．これには，共通の目標，共通のガバナンス編制，および複数機関での情報共有の意向が含まれていた．困難家族は，最も複雑な問題を抱える家族に極めて的を絞ったものであり，そのねらいは**家族の生活を改善する**ための様々な地方機関やサービスの活用にあった．3 つすべてのプログラムにおいて，家族が途切れることなくサービスを確実に受けられるよう，地方の児童サービスと成人サービスが，今まで以上に滞りなく調整・連携され，確かに機能することが重要とされた．教育，健康，社会的ケア，警察，大人のメンタルヘルス・サービス，そして住居のすべてが果たすべき役割を担っていた．

　シュア・スタートの目的は複数のサービスを結びつける**接着剤**となり，幼い子を育てる家族向けサービスの間でみられる差をなくす**つなぎ**になることであった．地域エリアは子どもの貧困データに基づき決定され，親を含め，そのエリアの 4 歳未満児のライフチャンス改善のために何が必要かを決める地域パートナーシップ[5]が立ち上げられた．シュア・スタート全国評価（NESS：National Evaluation of Sure Start）という評価機構から得られた初期のエビデンスは期待外れに終わったが（Belsky et al. 2007），続く 2 つの同機構の研究では，特に母親への効果について顕著な改善がみられた．2010年のシュア・スタート全国評価の報告書では，同機構が追跡調査したコホート集団の子どもと，それと近しい 21 世紀コホート研究（MCS）の対象となっている子どもとの比較が行われている．子どもについては，前者の方が，より健康で BMI が低く，母親については人生の満足度が高く，また家庭学習環境（HLE）は良好で，混沌とした家庭環境や厳しいしつけがあまりみられないことが分かっている（National Evaluation of Sure Start Team, 2010）.

---

5〕　地域のボランタリー機関，保健局，福祉局，教育局，保護者の連携を指す．

その後，とりわけイングランド・チルドレンズ・センター評価（ECCE：Evaluation of Children's Centres in England）の研究（Sammons et al, 2015）では，センターの利用頻度，提供される名称付きプログラムの数，および複数機関での協働の点でプラスの結果が示されている．労働党による，この主要かつ重要な取り組みは，当初は期待外れだったが後になって結果を現し始めたのである．最近の研究（Cattan et al, 2019）では，複数の健康面でのアウトカムについて，1999 年とそのピークであった 2009/10 年を比較し，どれほどシュア・スタートの因果効果がみられたかが考察されている．シュア・スタートは 5 歳から 11 歳の子どもが入院する割合を低下させたとされており，それは 11 歳の子どもの入院を年間 5,500 件減らしていることに相当する．興味深いのは，子どもが年齢を重ねるごとにシュア・スタートの影響が大きくなるという点である．幼い子の感染症による来院の減少，およびそれより年上の子の事故や負傷の減少によって入院数は低下する．著者たちはまた，シュア・スタートが，不利の大きな地域の子に最も恩恵をもたらすことも突き止めている．だが子ども期の肥満ないし母親のメンタルヘルスに与えた影響についてはエビデンスを見つけることはできなかった．公的な予算に立脚した研究では，子どもや家族の機能の改善をもたらした特徴は何か，また重要な点として，うまくいかなかったのは何かについて，膨大なエビデンスが築き上げられてきた．悲しいことに，連立政権時にはシュア・スタートへの深い関与が次第に弱まり，保守党政権下では存続の危機に瀕している．最近の研究では，シュア・スタート・チルドレンズ・センターの財源が大幅にカットされ，それに伴うセンターの閉鎖，提供されるサービスの削減，開館時間の短縮も指摘されている（Smith et al, 2018）．

　すべての子どもの平等保証（ECM）の解体は，2010 年に連立政権が発足して 24 時間以内に開始された．子ども・学校家庭省（DCSF）は教育省（DfE：Department for Education）に戻り，すべての ECM の看板は取り払われ，言及もなくなった．ECM は，解決策を立案するための情報を提供してくれる，問題の本質に関わる研究エビデンスを複数年にわたり用いた好例と

いえる．子どもが虐待で死に至るという，非常に社会から注目された調査に
突き動かされ ECM は生まれた．しかしながら，ECM 改革が子どもの成果
に与えたエビデンスはほとんどない．そうした大きな構造変化を組み込むに
は何年もかかり，結果を残すにはさらに長い年月が必要となるというのがそ
の理由の 1 つである．ECM とは別の，児童サービスを統合する試みに関す
るエビデンスが示唆するように，こうした改革は，子どもの改善との因果関
係を確証するのが非常に難しい．しかしその一方で，サービスへのアクセス
の改善や，子ども関連のデータが集まるという点で（間接的だが）良い根拠
をもたらす（Siraj-Blatchford and Siraj-Blatchford, 2009）．シュア・スター
トと同じく，サービス改革は緊縮策により深刻な打撃を受けてきた．学校は
他機関と協働する義務をもたない唯一のサービスだったという事情により，
ECM は阻害された．また ECM の枠組みを地域の状況に当てはめる際，あ
まりにも官僚的な部分もみられた．しかし ECM は，子どもの成果を改善す
るため，ともに機能するサービスについての初の共通枠組みであった．地方
自治体レベルで子どもに対する責任を有した単独の上級職員を配置するとい
うイノベーションは既に損なわれている．こうした任務は，管理コスト削減
のため，おおかた他の地方自治体の職務と一体化された．その結果，該当地
域での子どもの成果に対する責務への注目や明快さは失われた．

　困難家族は，家族介入プロジェクトという旗印を掲げた労働党政権の時か
ら，困難家族と銘打った連立および保守党政権に至るまで存続する唯一のサ
ービス統合の例である．暴動を受けて連立政権下の 2011 年に，名も改めて
打ち出されたが，2016 年にプログラムの拡張を決めた際は，プログラムが
ほとんど影響力を持たず，支払いに見合った価値もないことが分かり，批判
を受けた．

　　行政データを用いたインパクト評価から得られた主たる結論は下記の通
　　りであった．すなわち，雇用，給付金の受給，学校への登校，セーフガ
　　ーディング，児童福祉といった，プログラムの主たる目標をカバーする

幅広いアウトカムについて，困難家族プログラムが有意ないし体系的な
インパクトを与えたという一貫したエビデンスを見つけることはできな
かった[6]．

　家族介入プロジェクトと困難家族のいずれも，複合的リスクを抱える家族
は長きにわたり苦境に陥る可能性が高く，それは国庫にも大きな負担だとい
う認識に基づいていた．しかしながら，その最初のフェーズにおいて困難家
族プログラムは，エビデンスを欠き，家族が直面する問題とリスクの動態的
な性質を理解できていなかった．（結果による支払いによって生じた）プロ
グラムの提供方法に関する地域間の差異は，とりわけ評価を行ううえで支障
となった．あるエリアでプログラムが統計的に大きなインパクトを与えたと
しても，別のエリアで与えた負のインパクトがそれを上回った可能性がある
（Bate and Bellis, 2018）．またケースによっては，プログラムの対象となる
家族にみられた複雑な必要（ニード）と，彼/彼女らが利用可能であった支援が合致し
ていたのか疑問が残る．それらに該当する家族グループは，成人対象サービ
スに従事する労働者と，児童サービス職に就く者の両方を含む，適切な資格
を有した幅広い専門家によって集中的かつ継続的な支援を受ける必要性が非
常に高い．シュア・スタートと同じく，困難家族の初期の結果は期待に沿う
ものではなかったが，最新のエビデンスでは重要な分野で大きな成功を収め
ていることが示されている．具体的には，社会的養護下の子どもの減少，刑
事司法制度の関与の減少，そして雇用の改善である（Ministry of Housing,
Communities and Local Government, 2019）．

## 科学的根拠（エビデンス）に基づくプログラム

　この 20 年にわたり中央および地方政府は，子育てや子ども・若者の発達
支援，そして近年では親どうしの関係の支援を促進する，さまざまなエビデ
ンスに基づくプログラムへ投資をしてきた．これらはすべて予防や早期介入
の中核となるものであり，プログラムの発展は，その効果・影響力・支払い

に見合った価値の把握が目標とされることで，公共政策の評価に一段と深く関与してきた．こうしたプログラムはマニュアル化され，所定のカリキュラムと，明確な供給構造を有する傾向にあり，なかには厳密な評価の対象となるものもあった．エビデンスに基づくプログラムが，この20年にわたる公共政策の特徴の1つであったが，実施のための財源は，本書で触れた他のイニシアティブよりも，かなり小規模なものであった[7]．

早期介入財団は，幼児期の親子間のポジティブな相互作用を通じ，子どもの成果の改善を図る75のプログラムを評価している．なお同財団が評価の際に着目した成果とは，アタッチメント（愛着），行動発達，認知スキルの3つに関わるものである（Asmussen et al, 2016）．17のプログラムからは十分なエビデンスが得られ，さらに別の18のプログラムから子どもへの影響について予備的なエビデンスが見られた．ここでの「エビデンスに基づく」とは，子どもの成果に正のインパクトを示した頑健なランダム化比較試験ないし準実験デザインを伴うプログラムを意味する[8]．例えば，子どもの行動上の困難や言語発達の遅れ，親の敏感性の欠如といったリスクに基づき対象を絞ったプログラムの方が，普遍的なプログラムよりも確かなエビデンスがみられた．またアタッチメントや認知発達よりも，行動上の成果に焦点を当てたプログラムから明確なエビデンスが得られている．これは行動に焦点を当てたプログラムの多くが，対象を絞っていたためと思われる．このあとのケーススタディでは，イギリスで実施されてきた，エビデンスに基づく2つの早期介入プログラムの例を挙げる．

親どうしの関係の質を支えることを目的に，確固たるエビデンスに基づき行われる介入は，カップルと子どもの双方に正のインパクトを与えることが国際的に示されている．ただしイギリスでのエビデンスはまだ初期段階にある．早期介入財団は，8つのプログラムに正のインパクトがあるとしている．これには人間関係の悪さの改善や意見の相違の減少，親の抑うつや不安の緩和，子どもの行動やメンタルヘルスの改善が含まれる．またこの財団は，貧困下にある子どもにもプラスのインパクトがあったことを明らかにしている

(Acquah et al, 2017). これらの介入はすべて国際的に発展してきたものだ
が，インクレディブル・イヤーズ（IY）の学齢期基礎プログラムと発展型追
加プログラム（BOX 5.2 のケーススタディを参照）は，イギリスで広くテス
トされ評価の対象となってきた．また雇用年金省による無職の家族を対象と
する親どうしの不和解消プログラム（Reducing Parental Conflict Programme）
の一部として，他のプログラムが 4 つのリージョンでテストされている．

　頑健な国際的評価によって，エビデンスに基づくプログラムのなかには効
果的なものがあることが分かっており，なかにはイギリスでも効力を発する
ように取り入れられ，適合されてきたプログラムがある．たとえば先述の
ECCE（イングランド・チルドレンズ・センター評価）の研究は，そうした
プログラムの利用と，チルドレンズ・センターの望ましい成果とを結び付け
ている．しかしながら，最も期待できるプログラムでさえ，その効果を再現
することは容易ではない．相当数のプログラムがアメリカで考案されテスト
されてきた．アメリカはイギリスと比べ社会サービスの基盤が弱く，プログ
ラム参加者がイギリスの家族よりも大変不利な状況に置かれていることも多
い．そのため利用可能な支援への評価は高く，ベースとなる水準は非常に低
いため，もともと改善の余地が大きく残されている．

　第二に，プログラムを様々な人々や供給主体に合わせて調整することは容
易ではない．複数の場所において厳格かつ長期的評価を受けた早期介入プロ
グラムは稀である．これに含まれるものとして，もともとアメリカで実施さ
れ，幅広い国際的エビデンスの基礎を有する 2 つの事例研究について触れて
おく（BOX 5.1 および BOX 5.2 参照）．子育てプログラムであるインクレデ
ィブル・イヤーズはイギリスで一連の正の評価を受けており，全英（特にウ
ェールズ）で幅広く実施されてきた．ファミリー・ナース・パートナーシッ
プ（FNP）は長く成功を収めた実績があるが，イギリスでの最新の試みでは，
子どもの認知発達にいくらかの影響が示されたものの，プログラムによる主
たる成果への短期的インパクトはなかったとされる．

　第三に，プログラムの実施方法が重要である．プログラムをうまく実施す

るには，ある程度，地域の実情に適応した計画を立てつつも，プログラムの中核となる部分には忠実でなければならない．これは実施担当者にとって厳しいものになりうる．マニュアル化されたプログラムの実施により，自らの仕事が単純作業化されたと感じるかもしれないからだ．つまり中間管理者は効果に関するエビデンスに納得する一方，現場の実施担当者にとってそうしたプログラムの導入は，自分の普段の仕事の進め方が暗に批判されたと感じる恐れがある．またこれは，最もプログラムから利益を受ける可能性の高い家族にとっても，困難なものになりうる．日々の生活で手一杯だったり，配慮の必要な子どもがいる家族，あるいは所得不足や貧弱な住まい，人間関係の不和，薬物乱用に悩む家族は，定期的なセッションへの参加が難しいと思うかもしれない．その解決には，チャイルドケア，交通手段，開催に適した場所を含む，実践に役立つ支援が必要である．助けを求めているかもしれぬ一方，実際には家族が参加に至らなかったり，複雑な相談・通告システムに混乱してしまうことも多い．

　それと関連して，コミッショニング[6]を巡り，エビデンスに基づくプログラムとコミュニティに基づくアプローチとの間で緊張状態が生じかねない．前者は**トップダウン型**とみなされる恐れがある一方，後者は，その地域では人気があり十分に受け入れられているかもしれないが，これまで未評価であったり，あるいは評価を受けたものの，正のインパクトが極めて小さいかゼロだと判明しているものかもしれない．加えて，質の高い評価には多額の費用がかかる．ボトムアップ型アプローチは非常に有望だが，そうしたプログラムの提供に必要な資金を集めることは容易ではない．そのうえ評価に必要な財源まで確保することはほぼ不可能なのである．これはなにも，評価を廃止せよといっているわけではない．いかなる状況下の人たちにとって効果的か否かが分かる，良質かつ適切な評価の実施を手助けする政府や研究会議，基金ないし財団がわれわれには必要なのである．

---

6〕　主に地方自治体を通じて各種提供主体が公的な資金に立脚したサービスを提供する仕組みを指す．

　サットン・トラストやエスミー・フェアバーン財団は，ボランタリー部門
による小規模な子育てプログラムを評価する際に生じてしまう問題点に関し，
その解消を目指すプロジェクトへ資金提供を行った．そのプロジェクトによ
れば，質の高い評価を実施するうえで，対象者のうち相当数が子育てプログ
ラムのコースへ参加し，継続的に受講してもらうよう引き入れる点に，最大
の難しさがあるという (Barbour et al, 2018)[7]．どのような評価も，参加者
の数が非常に少なければ効果を立証する力は限定的である．加えて，オープ
ン・アクセス型での提供だと，なかには必要度の低い親が興味本位で参加す
る可能性もある．様々な事情や背景をもつ人々を対象にすることは有益だが，
最も恩恵が届く人よりも，**支援を必要としない心配性の人**に資源を費やすと
いう死荷重も生じかねない．

　最後に，多くのプログラムでは特定のリスクに基づいたターゲッティング
が行われている．早期介入は，諸々のリスクと，将来にわたってアウトカム
の不良を引き起こす可能性とを結び付けて行われる．したがって，このアプ
ローチは，リスクを正しく見極める力があること，リスクを緩和するサービ
スが利用可能なこと，そして少なからずターゲッティングに伴い生じるステ
ィグマを回避しつつも，特定の家族が各種サービスを受けられるようにして
おくことという，重要な諸条件の存在が前提となっている．正確な介入の絞
り込みは，プログラムがうまく機能する見込みはあるかという点からみて重
要である．深刻な行動上の問題を抱える子どもは，敷居の低い普遍的プログ
ラムから多くの便益は受けないだろう．また一方で，一般医（GP，かかり
つけ医）診療所や学校といった普遍的サービスの提供に従事する人々がリス
クを正しく特定できるよう，効果的な訓練も必要となる．

　早期介入プログラムのエビデンス・ベースの発展により，成功した介入の
主たる特徴を引き出せるはずだ．その特徴はまた，児童関係労働力の初歩的

---

7)　学校教育と異なり子育てプログラムへの参加は任意であり，また家族は様々な事情
　で忙しく，予期せぬライフイベントも起こるため，自らの意思で定期的に参加する家
　族を確保することは容易ではないことが指摘されている．

---

### BOX 5.1　ファミリー・ナース・パートナーシップ

　ファミリー・ナース・パートナーシップ（FNP：Family Nurse Partnerships）とは 10 代の妊婦を対象に，出産前から子が 2 歳になるまで，特別な訓練を受けた診療看護師（ナース・プラクティショナー）が頻繁に家庭訪問を行うプログラムである．2007 年に初めて労働党政権下で導入され，連立政権になってからは 2012 年に多くの地方自治体をカバーする独立した国家事務局（national unit）が設けられるなど，大幅に拡大された．

　このプログラムは，様々な成果のなかでも，アメリカとオランダで子どものメンタルヘルスとウェルビーイングを改善するとともに，児童虐待を予防し，学業成績を向上させ，雇用率を上げる確かな実績を有した．アメリカ発祥の 40 年にわたる国際的エビデンス・ベースに基づいている．2015 年にイギリスで始まったランダム化比較試験であるビルディング・ブロック（Building Blocks）から得られた直近のエビデンスでは，出生体重，母乳育児，喫煙，その後の出産間隔という主たるアウトカムにプログラムが与えた影響はなく，2 歳児の認知スキルと言語の成果に若干のインパクトがみられるという結果だった．しかし，この評価の後，FNP 国家事務局は，ファミリー・ナース・パートナーシップをさらに柔軟化かつ個別化し，費用対効果を高める新たなアプローチを試みている．

出典：早期介入財団のガイドブック（https://guidebook.eif.org.uk/にて参照可能）および「FNP 適用中間報告書」（FNP and Dartington Service Design Lab, 2018）

---

研修と，その後の専門職での発展を部分的に形づくるものになりうる．加えて，そうした介入が，より幅広いシステムでもうまくいくか考えることも大切だ．ナショナル・ロッタリー・コミュニティ・ファンドはベター・スタート（Better Start）の費用を拠出している．これは 10 年以上にわたり実施されてきた，0 歳から 3 歳までの幼児期を対象とする，場所に根差したイニシアティブである．その目的は，言語，栄養，アタッチメントという 3 つの重要な分野における発達の改善にあるが，設立された 5 つのエリアでの幅広い

BOX 5.2　インクレディブル・イヤーズ

　インクレディブル・イヤーズ就学前基礎プログラム（IY Preschool Basic programme）は 3 歳から 6 歳の子がおり，我が子の行動に懸念を抱く親たちを対象にしている．親たちは 18 から 20 週間のグループセッションに参加し，積極的に子と関わり，望ましくない行動を減らす方法について学ぶ．2 人の進行役（QCF という，イギリスの資格・単位枠組みで水準 7 ないし水準 8 の者〔QCF の最高水準は 8 である〕）のもと，親が毎週 2 時間，短いビデオシーンを通じてグループディスカッションを行ったり，問題解決型の課題に取り組んだり，流れに沿って親たちが個別目標を述べる活動を行うよう導かれる．就学前・発展型追加プログラム（advanced add-on to IY Preschool）には，親どうしの関係の質の改善によって，子どもの成果の向上を目指す要素が含まれる．

　インクレディブル・イヤーズはもともとアメリカで発展し，30 年にわたり進展した強固な国際的エビデンス・ベースを有している．インクレディブル・イヤーズ就学前プログラムには 3 つのランダム化比較試験のエビデンスがあり，そのすべてがイギリスで行われたものである．その試みからは子どもの成果の向上，望ましい子育ての増加，望ましくない子育ての減少や，親の抑うつ・ストレスの兆候の緩和が明らかとなっている．インクレディブル・イヤーズはイギリス全土で幅広く実施されており，特にウェールズと北アイルランドで顕著である．

出典：早期介入財団のガイドブック（https://guidebook.eif.org.uk/にて参照可能）

　児童サービス提供システムの改善も意図している．エビデンスに基づくイノベーションが標準的な取り組みの進め方の一部となれば，今以上に大きな影響を与えるだろう．しかしエビデンスに基づく介入の推進と規模拡大のための基盤はひどく不足している．イノベーションのための基金はあるものの，どこに住んでいても必ず家族に対し最低限の提供が行われ，かつ容易に利用できる状況とは言い難い．家族によってショックを乗り切る能力には違いが

あり，それぞれの家族に応じた支援，そして同じ家族については，時の変化に応じた支援が必要だということを前提とすれば，現在の状況は不平等を拡大させている.

　子どもと家族を支える4つすべてのアプローチにおいて，実行上の課題とともに，成功を収めた特徴について検討してきた．続いて，当該期間の政策のインパクトや子どもの成果に関する，より一般的な状況を理解するために大局的な見地を検討したい.

## 3. 政策は，家族や子どもの有利・不利に関する全国規模のパターンをどのように変えてきたか

　多くのアプローチや介入のレビューを行ってきたので，以下ではより広く，この20年間で子どもや家族に起こってきたことに目を向けたい．データは往々にして現実に後れを取る．つまり，政策や幅広い環境の変化が，子どもや家族の成果につながるまで時間がかかる．実施よりずいぶん経ってから，正や負のインパクトを与える政策もあるだろう.

　まずは直近20年の，子ども・家族向け公的支出に何が起きてきたのかをみていく．それは，必ずしも支出そのものを良い成果とみなしているからではない．公的支出のパターンは，時とともに公共政策の優先順位がシフトする様子を知るレンズとなるからである.

### 子ども関連への公的支出

　この20年間で，公的支出の規模やパターンは大きく変化した．その一部は，雇用率や子どもの数など，幅広い経済的・人口構成のシフトを反映したものだが，公共政策の変更に伴う支出の変化もある．ここでは当該期間に生じた子ども関連支出の変化を検討する．具体的には，給付，幼児教育，児童サービスのそれぞれの分野をみていく．以下は，イングランド・チルドレンズ・コミッショナーに委託され，財政研究所が行った包括的な分析（Kelly

**表 5.1**　子どもと年金受給者への**給付**に充てる 1 人あたり支出額の概要

|  | 子ども 1 人あたり支出 | 年金受給者 1 人あたり支出 |
|---|---|---|
| 2000/01 年の金額<br>（2017/18 年の価格で計算） | 3,570 ポンド | 7,967 ポンド |
| 2000/01 年から 2009/10 年<br>の百分率の変化 | 61% | 29% |
| 2009/10 年から 2019/20 年<br>の百分率の変化 | −17% | −1% |
| 2000/01 年から 2019/20 年<br>の百分率の変化 | 33% | 27% |
| 2017/18 年の金額<br>（2017/18 年の価格で計算） | 4,995 ポンド | 10,345 ポンド |
| 2019/20 年の金額<br>（2017/18 年の価格で計算） | 4,733 ポンド | 10,147 ポンド |

出典：Kelly et al.（2018：17, Table 3.2）

et al, 2018）に大きく依拠している．その分析によれば，2017/18 年の子ど
も関連総支出（ヘルスケアは除く）は 1,200 億ポンドであり，18 歳未満の子
ども 1 人あたり 1 万ポンド超であった．これは実質ベースで 2000/01 年より
42% 高いが，最も高かった 2010/11 年よりは 10% 低い．

　より詳しく，**給付**への公的支出をみてみよう．財政研究所は子ども 1 人あ
たりと年金受給者 1 人あたりの支出額を比較している．表 5.1 の通り，子ど
も 1 人あたりの支出額は最初の 10 年で 61% 上がり，後半の 10 年ではそこ
から 17% 下がったことが分かる．年金受給者のパターンはそれと全く異な
り，最初の 10 年で 29% 増加し，続く 10 年では 1% しか下がっていない．

　当然のことながら，給付への支出の変化は家族や子どもの所得の変化につ
ながる．Browne and Phillips（2010）によれば，労働党政権時は無職家庭
の課税・給付後の所得は 12〜16% 上がった一方，年金受給者の増加率はそ
れより低かった．Browne and Elming（2015）によれば，その後の連立政
権下の税・給付改革の直接的な影響で，低所得の家族は 6〜7% の所得の減
少を経験したという．財政研究所の分析（Hood and Waters, 2017b）は，ユ

**表5.2** 生徒1人あたりの

| 教育段階 | 生徒1人あたりの支出, 2000/01 年（2017/18 年の価格で計算） | 2000/01 年から 2009/10 年（実質ベースの百分率の変化） |
|---|---|---|
| 幼児期（3〜4 歳，不利な家庭の 2 歳児） | 1,307 ポンド | +58% |
| プライマリー・スクール（4〜11 歳） | 2,990 ポンド | +49% |
| セカンダリー・スクール（11〜16 歳） | 3,881 ポンド | +50% |
| 継続教育（16〜18 歳） | 4,439 ポンド | +27% |

出典：Kelly et al. (2018：17, Table 3.2).

ニバーサル・クレジットへの完全移行を想定し，2015 年より予想される変化の大きさとして，子がいる生産年齢層の世帯のうち，所得別で 10 等分したとき最も低いグループに属する者は，課税および給付後の所得が 15% 以上も下がると指摘している．それに比べ，年金受給者の減少幅は 2% 未満とされる．

　同じ 20 年間でも，**幼児教育**への支出パターンは給付の場合とかなり異なる．これは，幼児期サービスが，今や教育システムや福祉国家で欠かせない一部になったという事実を反映している．表 5.2 は教育段階別でみた子ども 1 人あたりの支出を示している．前半の 10 年間に幼児期サービスの権利保障を受ける子どもの枠は拡大し，週あたりの対象時間は伸び，1 年のうち対象となる週の数も増えたため，幼児教育への全般的な支出は（非常に低い水準から）最も急速に伸びたことが分かる．

　幼児期サービスへの子ども 1 人あたりの支出（Kelly et al, 2018）は，2000/01 年から 2009/10 年の間に 58% 増加しており，週 15 時間だけでなく，就労中の親（週 16 時間以上働くなど一定の条件を満たした家庭）には上乗せで無料チャイルドケア 15 時間が加えられた結果，支出は 2019/20 年までにさらに 17% 増えると予想される[8]．しかし保育・幼児教育サービスの提供者は，新たに無料対象となった週 15 時間のチャイルドケアの部分に対す

---

8）　保守党政権は 2015 年のマニフェストより，「幼児教育」の拡大を「チャイルドケア」の拡大と呼ぶようになった．

**教育**支出額と経年変化の概要

| 2009/10 年から 2019/20 年（実質ベースの百分率の変化） | 2000/01 年から 2019/20 年（実質ベースの百分率の変化） | 生徒1人あたりの支出（予測値），2017/18 年（2017/18 年の価格で計算） | 生徒1人あたりの支出（予測値），2019/20 年（2017/18 年の価格で計算） |
|---|---|---|---|
| ＋17％ | ＋85％ | 2,056 ポンド | 2,415 ポンド |
| ＋8％ | ＋61％ | 4,810 ポンド | 4,810 ポンド |
| ＋7％ | ＋61％ | 6,239 ポンド | 6,239 ポンド |
| −5％ | ＋21％ | 5,567 ポンド | 5,354 ポンド |

る追加的な財政支援が不十分だと述べており，経営が成り立たなくなった民間保育・幼児教育施設も出た．財源不足は，質に際立った影響を与えるリスクとなる．より専門性の高いスタッフの方が質の高いサービスを提供することが分かっているが，それだけ費用もかかる．いずれの期間でも，継続教育は幼児期サービスほど芳しくない．16〜18 歳への支出は，最初の 10 年間において他の教育段階ほど若者1人あたりの伸びは高いといえず（27％），後半の 10 年では実質ベースで5％ 低下した．これはわれわれがこのあと述べる，青年期後期に対する政策思想のギャップを反映している（第6章を参照）．

　**児童サービス**への支出は，2000/01 年の 48 億ポンドから 2009/10 年には 97 億ポンドへと倍増した（Kelly et al, 2018）．このうちシュア・スタートへの支出は，同じ期間に5億ポンドから 17 億ポンドへ規模が拡大している．その後は，児童サービスへの支出は 2017/18 年までに 11％ 低下しており，こうした傾向が続けば，2019/20 年までに 14％ 減となるだろう．2009/10 年以降，子どもの数が増えていることを考えると，子ども1人あたり支出は，後半の 10 年間に実質ベースでみて約 20％ 減少すると思われる．詳しくみると，2009/10 年から 2016/17 年の間に，児童サービス支出の内訳は大きく変化した．その時期は社会的養護下の子どもに力点が置かれ，その分野は実質ベースで 22％ 支出が増加した．一方，セーフガーディングや家族支援への支出は変わらなかった．またその間に，シュア・スタートへの支出は 2009/10 年の 17 億ポンドから7億ポンドへと 59％ 減少し，若者関連サービ

ス支出は 14 億ポンドから 5 億ポンドへ 64％ 減となった．

このように児童サービスへの支出全般が顕著に増加したあと落ち込み，ま
た，社会的養護下の子どもへ再度，残余財源が振り分けられるようになった．
これは，社会的養護下の子どもの数が大幅かつ長期にわたり増大し，さらに
2010 年より地方自治体への財政移転が実質ベースで 49％ カットされたため
である．生活基盤の弱い家族への地域サービスのカットの大部分は，自治体
のなかでも，特にはく奪度の高い上位 20％ のエリアで生じている（Kelly,
2018）．

2017 年にイングランドで社会的養護下の子どもの数は 7 万 2,000 人あまり
だが，1997 年にそうした子どもは 5 万人だった[9]．その数だけ聞くと，児童
虐待やネグレクトが大幅に増加したと捉えるかもしれない．しかし虐待を数
の増減で測るのはかなり難がある．往々にして記録は不正確であったり不十
分であるし，虐待をどう定義するかも時とともに変わってきた．親の養育か
ら子どもを引き離す政策や実践は常に流動的であり，虐待および/ないし子
どもの死で世間の注目を引いたケースに敏感に反応することもよくある．介
入の境界値を下げることで高リスクの削減を図れば，ソーシャルワーカーは
プレッシャーを受けるかもしれない．しかし一方で，予算を圧縮すれば介入
の境界値は上がりかねない．ケア・クライシス委員会は，貧困とはく奪の悪
化，政策と実践の変化，早期支援と予防サービスの使いやすさの低下を含む
諸要素が組み合わさり，社会的養護下の子どもが増えたと結論付けている
（Family Rights Group, 2018）．先ほど述べたシュア・スタートや予防サービ
スへの支出の急速な落ち込みは，地方自治体の予算がますます法律上の責務
を果たす点のみに絞られていることを意味する．加えて，人々がサービスを
受けるためのハードルは上がっている．つまり専門家による支援を受けるに
値するであろう家族の一部が，もはや支援を必要とする状態にはないと判断
されてしまうのである．われわれは，この点こそが子どものライフチャンス
に関する大きな課題だと考えている．問題が深刻化・固定化してしまう前に，
すぐに手が届く支援を行えるよう設計されたサービスは多くの地域で事実上

存在していない．深刻な悪化を防ぐに十分な，早期段階で提供される介入は，もはや利用不可能なのだ．家族へのプレッシャーが強まるにつれ，潜在能力を高める試みの実施は時機を逸したものとなる．

　こうした家族・子ども関連の公的支出パターンの変化は，直近の 20 年で生じた福祉国家の家族支援の在り方に関する重大なシフトを示している．われわれは 2010 年を境に，子どもや家族向け公的支出が増加のあと減少に転じた点だけでなく，変わりゆく経済状況，政治的な優先事項，国民の態度によってもたらされた支出パターンの顕著な転換について検討した．1997 年から 2010 年までの税額控除と社会保障給付の改変を通じ，家族と子どもへの経済的支援は大幅に増加した．そのあと，支出の規模自体は大きいものの，税額控除と社会保障給付の改変を通じた支援は大幅に減少した．2010 年以降，年金受給者は保護され，個々の納税者は個人所得税の課税最低限の極めて寛大な引き上げによる恩恵を受けた．これは子を勘案しない形の減税であった．地方自治体の予防関連支出は 2010 年より減少し，かなり不利な立場の者に焦点を当てたシュア・スタート・チルドレンズ・センターやユースサービス，早期介入は深刻な打撃を受けた．それと同時に，普遍的チャイルドケアへの投資が 2010 年以前と以降の両方で増加したこと，学校への財政支援では貧困削減への重点化が進んだこと，また，他のサービスと比べ国民保健サービス（NHS）が保護されてきたことも分かっている（Kelly, 2018）．

　こうした公的支出や減税の状況に関する極めて重大なシフトと同時に，様々な家族支援のアプローチについても，世間の認識やその正統性は変化した．引き続き学校と NHS という普遍サービスは幅広い支援を集めており，今やそれがチャイルドケアにまで拡大している．女性の就労形態の変化により，政治的分裂を超えて，チャイルドケアが政治的な優先事項となった．福祉給付への態度は軟化した（第 2 章を参照）一方，福祉への支出は，いまだ福祉国家の他分野より優先度はかなり低い．子育てとカップルの関係を支援するプログラムへの支出は，本章で述べた（医療・教育といった）高額な給付に比べれば少ないものの，家族関係を支援するサービスへの国の資金提供

の素地は間違いなく存在しており，メンタルヘルス上の困難を抱える子ども
や若者の増加により，それは一段と強まっている．

## 貧困と不平等

　第4章では，2008年の金融危機に対し，2010年までの労働党政権と，そ
の後の連立政権および保守党政権がいかなる対応を取ったかについて述べた．
簡潔に言えば，ゴードン・ブラウン率いる当時の労働党は，引き続き公的支
出によって貧困グループの保護を図った．財政赤字と公債の規模拡大と同時
に，対GDP比でみた公的支出は増加した．連立および保守党政権は幅広い
社会政策を展開したが，公債の削減が主たる政策目標であり，それは所得移
転と家族向けサービスの両方を減らし，公的支出を大幅にカットすることを
要請するものであった．

　この20年で子どもの貧困に何が起きたのだろうか．シンクタンクのリゾ
リューション財団は**生活基準監査**（Corlett et al, 2018）で子どもの貧困率の
推移を分析している．まず元の平均所得未満世帯（HBAI：Households Below
Average Income）調査データを考察し，そのあとで，調査で生じた相当規模
の給付受給額のカウント漏れを計算に入れた，調査データの調整を行ってい
る．また，リゾリューション財団が将来のパターンを予測するために用いた
「少し先の予想」と名付けたデータも含まれている．図5.1は，住居費控除
後の所得の中央値の60%を貧困ラインとして用いたときの経年的な動向を
表す．ここでは元の平均所得未満世帯（HBAI）データと，**調整済み尺度**が
比較されている．両者とも似たパターンを示しており，子どもの貧困は
1998/99年から2004/05年の間に減少し，金融危機の前段階に増加したあと，
2007年から2010/11年にふたたび減少，その後は増加し，そのペースは
2016/17年以降急速に上がることが予想されている．調整済み尺度をみると，
2010年より前の期間は顕著に下がり，その後は大きな上昇を示している．
この尺度に基づくと，労働党政権は2004年までに子どもの貧困率を4分の
3にまで減らすとした第一目標を達成しており，2010年までに半減させると

**図5.1** 2000年代の「子どもの貧困」削減は予想以上のスピードだった
　　　　かもしれない

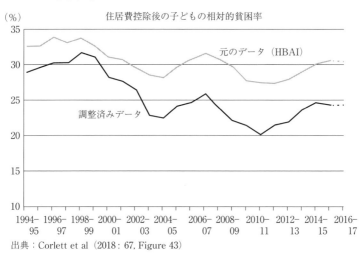

（％）　　　　　　住居費控除後の子どもの相対的貧困率

出典：Corlett et al（2018：67, Figure 43）

いう第二目標も到達目前であった．なお平均所得未満世帯（HBAI）データ
を用いた子どもの貧困指標（世帯所得の中央値の60％）のやっかいな点の1
つは景気後退期に貧困削減が示されていることである．これは所得の中央値
が低下した一方，ゴードン・ブラウンが子育て世帯を守る手立てを強化した
ことも関係している．独立した無党派組織である社会的測量基準委員会（So-
cial Metrics Commission）は，相対的尺度でありながら，所得の時系列デー
タを平滑化し，幅広い（たとえば家族の保有する資産などの）資源と（チャ
イルドケアなどの）コストを考慮に入れた新しい貧困尺度を確立した（So-
cial Metrics Commission, 2018）．2001年以前のデータはカバーされていな
いものの，その後についてみると貧困率の経年変化はHBAIデータの場合
と似通っている．ただし1つだけ例外がある．それは金融危機が生じた際と
その直後に高い貧困率を示している点である．雇用年金省が，実験的に社会
的測量基準委員会の尺度に基づいた貧困に関わる統計を公開すると発表した
のは，喜ばしい展開だ．今後，これまで以上に政府が所得格差による貧困へ

対処することを促す一助となりうるからである[10].

　子どもの貧困率の経年変化は，幅広い経済状況と各政権の政策の両方を反映している．労働党政権下では子どもの貧困撲滅に目を向け，給付や税額控除へ多大な資源を投じ，それらより小規模ながら積極的労働市場プログラムにも資源を投じたことで，貧困状態にある子どもの数は大きく減少した．緊縮政策の一環として行われた福祉支払いの削減と，提案されているユニバーサル・クレジットの導入によるインパクトをふまえ，2020年までに子どもの貧困率は急上昇すると考えられる．

　所得の不平等は相対的貧困の基準とつながりがある．ジョン・ヒルズらは，イギリスでの50年以上にわたる所得の不平等と所得格差による貧困のパターンを検討し，所得の不平等が小さいときは相対的貧困率が低い傾向にあり，逆もまた同様である（つまり所得の不平等が大きいと今度は相対的貧困率が高くなる）ことを明らかにしている（Hills et al, 2019）．ただし，両者のリンクは貧困ないし不平等の測定方法により生じる不可避なものではない．ヒルズらの研究によれば，所得の不平等と相対的貧困との関係は一定不変ではなく，政策ないし他の要素から影響を受けうるという．直近20年の全般的な不平等の傾向から，1980年代後半に不平等の急速な拡大が生じたあと，表立った変化はみられなかったことが分かっている．しかし直近20年のうち前半の10年においては積極的政策を通じ，子どもの貧困は減少していた．リゾリューション財団は3つのそれぞれ異なる不平等の尺度を用いて経年変化をみている．それらは貧困指標の際の受給額のカウント漏れと同じ調整が行われたものである．調整の結果，3つの不平等の尺度のいずれも，1990年代半ば以降において調整前の値より若干低いレベルであった．ただしトップと最も低い層との差は，他の先進諸国と比べても依然として大きい．

### 家族と子どもの社会移動

　本書では，介入や政策を評価するうえで貧困というレンズに焦点を絞り，多くの紙幅を割いてきた．しかし所得分布や社会経済的グループ間でみたア

ウトカムに視線を向けることも重要である．すでに述べた通り，子どもの成果には社会経済的地位と相関関係があり，家族は貧困や低所得に陥ったり抜け出したりするので，ただ単に政策の対象を最も貧しい家族に絞ればよいとはならない．加えて，高所得グループの行動や状況も見逃せない．これまで以上に有利な立場へ上昇すれば，差を埋めることは非常に難しいからである．以下では，子どもの将来の成功が，どの程度まで生まれた家庭に依存するのか考えたい．生まれた直後にライフチャンスは決まってしまうのだろうか．

　ロバート・パットナムの著書『われらの子ども：米国における機会格差の拡大』（Putnam, 2015〔パットナム，2017〕）では，豊かな家庭と貧困家庭との間に存在する経験（例えば子どもの将来に影響を与えるものとして，親と過ごす時間，課外活動，親の関与がある）の格差拡大が検討されている．2016年に，社会移動委員会はイギリスでもそのようなパターンがどの程度みられるか探究すべく同様の分析を行った（Richards et al, 2016）．この報告書は，子どものライフチャンスや社会移動を考えるうえで特に重要だとされる3つの分野における，社会経済的地位と家族生活の指標に関する豊富なデータを提供している．ここでいう3つの分野とは，親の関与，子どもの行動，親の社会的ネットワークを指す．報告書では，イギリスの状況はアメリカよりも良いものの，依然として重大な困難も存在することが明らかにされた．3つの分野それぞれにおいて家族間には社会経済的な差があり，特に文化的活動，親の社会関係資本，そしてコミュニケーションのいくつかの側面で大幅な不平等が認められた．また社会移動委員会報告書は，複数のアウトカムについて年を経るごとに改善が見られ，不平等が縮小していることを見つけ出している（図5.2を参照）．その具体的なアウトカムとは無断欠席，親が宿題を手伝うこと，保護者面談への参加，母親による子どもへの読み聞かせの頻度である．親子が一緒に過ごす時間や，父親による子どもへの読み聞かせの時間は多くの子どもの間で伸びているが，豊かな家庭の子ほど改善度が高いため，不平等は拡大の方向にある．この点は第2章で述べた研究と

**図5.2** 社会経済的地位（SES）別でみた各アウトカムの経年変化

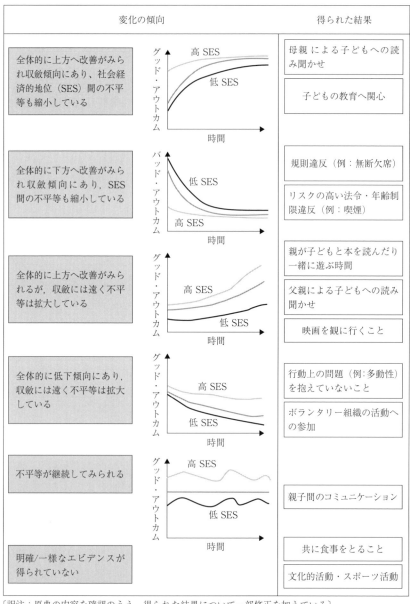

〔訳注：原典の内容を確認のうえ，得られた結果について一部修正を加えている〕
出典：Richards et al.（2016）.

一致している．行動上の問題，情動面の症状，多動性，市民的関与といった問題については，階層間の不平等は拡大した（ただし各行動の発生率が全般的に増加した/減少したかに関する利用可能なデータはなかったとしている）．著者は，社会移動を改善する唯一の対応として学校教育に的を絞るのではなく，影響を与えうる幅広い分野や指標を参考にすることが大切だと強調している．

　貧困下にある子どもと豊かな同学年集団との格差拡大の懸念を抱かせる兆候はいくつかみられる．社会移動委員会の報告書『イギリスの状況』は，2014 年から社会移動が「実質的な停滞状態」にあった点を明らかにしている（Social Mobility Commissions, 2019）．2019 年のガーディアン紙の記事によれば，2007 年から低下傾向にあった最も所得が低いグループの乳児死亡率が，直近の 2015 年と 2016 年では上昇に転じたという[11]（ただし確固たるトレンドとみるには時期尚早としている）．メンタルヘルス面の問題も増えている．最新の分析[12]によると，うつ症状はこの 10 年で増加している．1990 年代初めにブリストルで生まれた若者がかつて 14 歳であったとき，9％ にその症状が認められた．しかし 21 世紀コホート研究の対象者であり，かつブリストルで 2000/01 年に生まれた若者が 14 歳になったとき，うつ症状の割合は約 15％ という高さだった．また自傷行為も増加している．依然としてジェンダー間に相違がみられ，若者でも女性の方が男性よりうつ症状であったり自傷行為をとる可能性が高い．ただし近年の増加幅については男女間に差はない．2000/01 年に生まれた 14 歳の子は 1990 年代初めに生まれた子が 14 歳の時より，1 週間あたりの睡眠時間は短い傾向にあり，肥満の割合は高く，自分の体に自信を持っていない．より良い点として，反社会的行動と薬物使用は減少している．

## 4.　結論

　本章では，この 20 年の間に子どもと家族に何が起きたかを検討し，その

状況が単純ではないことを確認した．幅広い社会経済的／人口構成面の要素と政策の変化の両方が，全般的な有利・不利のパターンの移り変わりをもたらしている．2011 年に高い値であった失業率が，この 43 年で最も低いレベルにまで大きく下がったのは疑いようのない進展だが，それと同程度の貧困レベルの改善にはつながらなかった．職に就いても貧困から抜け出す保証にはならないのがその理由である．ごく最近まで，賃金は横ばいであり，労働市場は一層不安定となった．金融危機の影響，および景気後退に対する政府の政策対応の転換を反映し，2010 年から支出全般が大幅に削減された．支出内訳をみると，子どもや家族向けの社会保障給付／税額控除は 2010 年代に急速に減少し，現在と将来にわたる子どもの貧困の悪化をもたらしている．早期介入，子育て支援，シュア・スタート・チルドレンズ・センターの財源にとりわけ大きな影響を与える地方自治体の支出も，それと同じく急速に減少した．2010 年代は，深刻で複雑な不利を抱える家族が，一層強調された時期でもある．なお他の政策分野には強い継続性がみられ，ジェンダー平等，ワーク・ライフ・バランス，保育，幼児教育への深い関与は維持・拡大された．

　所得格差による貧困への対処を目指す政策の影響力と，子どもの全般的な発達や長期的成果に関わる質の高い幼児教育の役割には，十分な根拠があることをみてきた．エビデンスに基づく，複数の親子関係支援プログラムや他の早期介入プログラムにも十分な根拠が存在するが，財源や他地域への転用可能性に関し重要な課題も残されている．これまで困難家族プログラムは，複雑な必要（ニード）を有する家族と，その家族専用の専属ワーカー（キーワーカーと呼ばれる）との関係改善を支えており，近年のエビデンスでは子どもの複数の成果にも影響を与えたことが示されている．サービス改革では，首尾よくサービスの統合が試みられたが，すべての子どもの平等保証（ECM）といった主要改革は短命に終わった．社会移動委員会の報告書によれば，この 20 年間で，青年の喫煙，アルコール，薬物使用の減少に加え，子の教育に対する親の関心や積極的な関わりという重要な点で進展が認められたとされる．

ただし行動上の問題は増えており，親子間コミュニケーションなど複数の分野で引き続き不平等が存在することも示されている．

　加えて，家族政策は新しい困難に直面している．ブレグジットは，少なくとも短期的に経済の不安定をもたらすだろう．社会政策や社会権に関するヨーロッパ的アプローチの影響力も落ちると思われる（Stewart et al, 2019）．地理的分断は，イングランドの北部と南東部の間だけでなく，都市部と内陸部の間でも一層進んでいる．急速な技術変化は大きな課題をもたらしつつある．それは将来の職業やスキルに関わるだけでなく，消費パターンやコミュニケーションのあり方，そして地域での暮らし方を含め，われわれの日々の生活を決定づけるものである．家族と子どもには新しいリスクが存在する．彼/彼女らのなかでメンタルヘルス面の困難を抱える者の割合は増え，若者（とりわけ若い男性）の自殺の増加，小児肥満の急増，そして地域によっては，恐ろしい傷害や殺人につながる10代の若者の刃物犯罪の急激な増加が認められる．障害を抱える子どもに加え，黒人やエスニック・マイノリティの子どもに実質的な機会と成果の平等を保証するよう，われわれは今後も努力を続ける．

　さて，所得移転とサービスは子どもや若者のライフチャンスを改善しうる，というのが本章の総合的な結論である．プレッシャーを減らし，潜在能力を高めるサービスの提供によって，一連の子どもの成果と，社会階級を数量的に尺度化したものとの相関関係は緩和できる．ただし，あらゆる問題を解決する手立てなどは存在しない．対象者にとって，どのサービスが最も効果的かを特定するのは容易ではない．寛大な給付への投資と，効果的なサービス提供との間でバランスをとることはさらなる難題である．第6章では，これからの家族政策にとって上記の議論が何を意味するのか考えていく．

　　注
　1　国定最低賃金は子どもの貧困の削減にごく限られた程度しか影響を与えなかった．これは低稼得者のうち，その多くは〔共稼ぎ世帯の第二の稼得者などであり〕低所

得世帯に属していないためである．

2　2019 年 1 月 11 日の声明で，雇用年金省（DWP）のアンバー・ラッド大臣（当時）はユニバーサル・クレジットへの変更について，女性の状況を考慮すると述べた．

3　以下を参照．www.ifs.org.uk/publications/14085

4　公共サービス協約（PSAs）は労働党政権下で，マニフェストの主たる公約や旗艦的政策の実現度を測定し，推進するうえで説明責任を果たす仕組みとして導入された．

5　以下を参照．https://heckmanequation.org/resource/the-heckman-curve/

6　以下を参照．https://www.theguardian.com/society/2016/oct/17/governments-448m-troubled-families-scheme-has-had-little-impact-thinktank

7　その多くが地域レベルでコミッショニングされた〔サービス提供の権原が公的機関より委託された〕，エビデンスに基づくプログラムの財源に関する全般的な推計は存在しない．

8　以下を参照．https://guidebook.eif.org.uk/eif-evidence-standards

9　以下を参照．https://assets.publishing.service.gov.uk/government/uploads/system/uploads/attachment_data/file/664995/SFR50_2017-Children_looked_after_in_England.pdf

10　以下を参照．www.gov.uk/government/news/new-poverty-statistics-developed-to-help-government-target-support

11　以下を参照．www.theguardian.com/society/2019/apr/19/newborn-baby-deaths-may-be-on-rise-among-poorest-in-england

12　以下を参照．https://cls.ucl.ac.uk/depression-is-on-the-rise-among-young-people-but-antisocial-behaviour-is-down-new-research-shows/

# 第6章
# 知見を将来へ活かす

最終章では，ここまで学んだ内容を簡潔にレビューし，家族政策，貧困の削減，国家の役割という3つの間に内在する緊張関係を考察する．また本章では，政策と研究の隔たり，および科学の誤用という2つの分野横断的なテーマも扱う．最後に，今後のアプローチに情報提供を行う際に欠かせないことを提案する．

## 1. 本書で学んだこと

第3章で提示したエビデンスは，認知・社会性・情動の発達の観点からみたとき，子どもの成長にとって最も大切なものは何かについて明確な考えを提供してくれた．具体的には以下の通りである．

- 金銭はそれ自体，重要である．健康面での発達を促す財やサービスの購入を可能にするだけでなく，金銭の不足は親にストレスをもたらす主たる要因の1つだからである．
- 親もまた大切である．よい家庭学習環境は，子どもの社会性・情動の発達と，学びや学業成績に影響を与えうる．ただし低所得だと，子どもに対し，よい家庭学習環境を準備しておくことは難しい．
- 親（特に母親）の学歴とメンタルヘルスは，とりわけ子どもの日々の過ごし方に違いをもたらす．家庭資源の要素によって，各種アウトカムへの重要性は変わってくる．これはつまり，家庭の所得，教育環境，社会

階級のいずれもが大切だということである．とりわけ慢性的な貧困や継続的な困難は，成果を悪化させる．

- 親子関係だけでなく，親どうしの関係も大切である．特段，問題のない両親であろうと離別した両親であろうと，2人の良好な関係は子どもに対する保護因子の1つである．


本書では，各政権間での家族政策の方向性の変化について検討してきた．それは政治的見地や外部の事象，国民の意識，そして市民社会の影響を受けていた．政策と介入は社会に影響を与え得ることが分かり，直近20年の分析からいくつもの政策立案上の戦略的教訓を得た．

子どものライフチャンスへ長きにわたり影響を与えるには，政府の政策がマクロ的要素とミクロ的要素を併せ持つ必要がある．2010年は，子どもの貧困の削減によって彼/彼女らの成果を改善し，**かつ**親と子の潜在能力を高めるという二元的アプローチに終わりを告げた年であった．労働党政権下では，子どもの貧困を削減する熱意により，各種政策と投資の対象が，子どものライフチャンスを決定づける原動力となるものに確実に絞り込まれていた．その目標に何の問題もなかったというわけではない．それにより，公共政策が長期よりも短期を重視したものになる可能性は残る．なお，かつて学校や国民保健サービスといった普遍的サービスは社会的支援を集めていたものの，家族の問題についてはそうではなかった．しかし子どもの貧困目標により，家族の問題が優先度の高い政治的アジェンダとなったのである．2010年からの，大幅な給付や税額控除のカット，そして所得に基づく子どもの貧困目標の廃止を伴う政策の方向性のシフトは，主に緊縮策のあおりを受けたのが生産年齢層の者や子育て家族（そのなかでも，とりわけ低所得者）であったことを意味した．結果的に，子どもの貧困率は上がり，今後も大幅な悪化が予測されている．

あらゆる地域で身近な施設にするという使命感を有した旗艦的政策から，今や苦境に立たされる事業となった「シュア・スタートの物語」は，いくつ

かの大切な教訓を与えてくれる．シュア・スタートは当時まったくもって新しい事業であり，親を中心に据え，統合的かつ多職種連携型で，エビデンスをふまえたサービスを提供していた．しかし新事業を組み込むには時間がかかり，とりわけ複数の異なるサービスをうまく機能させ，データの共有を求める分野横断的な部分には長い時間を要した．シュア・スタートの根拠はエビデンスに基づく強固なものだったが，各センターでの実践面では変更の余地が残されていた．当初の評価は一様ではなかったが次第に改善され，最新の評価では黄金期のシュア・スタートが子どもの健康に大きな変化をもたらしたことが示されている．あとからみると，当時，はく奪度の高い地域から全英へと事業を拡大する政治的野心は時期尚早の感があり，資源が減るとともに注目は薄れていった．これは，新しいイニシアティブを組み込むには多大な時間を要することの証といえる．つまり，長期にわたる投資だけでなく，実行に移し，誤りから学び知る時間が求められる．

　貧困政策やシュア・スタートとは対照的に，保育・幼児教育については，複数の政権間で大いなる連続性がみられた．保育・幼児教育は今や中核的な位置にあり，事実上，普遍的なサービスである．連立政権下で導入された生徒プレミアムは，より不利な立場の子どもに公的な資金を集中させる一助となった．しかし，提供場所の増設に向けた動きに比べ，チャイルドケア供給の質の改善を目指す投資は，大きく後れを取ってきた．質を考えるうえで重要な諸要素は明らかとなっている．具体的には，大卒リーダーの重要性，保育・幼児教育従事者のスキルと賃金の改善，1教員あたりの子どもの数，そして教育学的な実践である．政策への投資や実施に関し，できることはまだたくさんある．それらは，すべての子どもにとって大切だが，とりわけ不利な立場の子どもにとって重要である．

　今や家族政策の境界線はシフトした．子どもと親のライフチャンスおよびウェルビーイングが形成される際に重要なのは，家族内の人間関係だということが以前にも増して公共政策の場で認識されるようになった．かつては，その大部分が私的領域の話とみなされ，（例えば離婚，DV，薬物乱用やネグ

レクトといった）目立った困難がない限り，責任は家族自身にあるとされた．
労働党の政策は，総じて子どもと親に注目しており，人間関係支援への投資
はあったものの，結婚や家族の安定性に関する問題は避けていた．保守党の
もとでは，家族の安定性と結婚がかなり強調されるようになった．ただし，
やがて婚姻関係にあるか，同棲しているか，離婚ないし別居しているかにか
かわらず，両親の人間関係の**質**に着目するように変わっていった．これは家
族と，その構成メンバーのこれまでの経験が多様化したことに対し支援が必
要だと解したプラスの発展である．

　限られた公共投資ではあったものの，予防と早期介入はこの20年を通じ
公共政策の特徴であった．実践面では，中央政府および地方政府にとって，
ものごとが起きてから対応したり緊急性の高いサービスから，予防や早期支
援サービスへ重点をシフトさせるのは非常に難しいことが分かった．とりわ
け，早期介入サービスの多くが危機に瀕した，緊縮の時代にそれが当てはま
る．社会的投資は，体系的変化のための条件整備を行ったというより，特定
のプログラムへの財政援助を通じた限定的な影響しか与えなかった．

　すべての政権を通じ，高リスクな家族との連携に重きが置かれてきた．家
族全員，および彼/彼女らが有する幅広いネットワークとの連携が大切とい
う点は，よく知られている．ただし困難家族プログラムからの教訓として，
複雑な必要（ニード）をもつ家族との連携には，長期にわたる関与と専門家の支援が求
められる．

## 2.　対処すべき緊張関係

　効果的な家族政策を考案する際に特有の，緊張関係や困難がいくつか存在
する．第一に，政治家の任期は短い．そのため彼/彼女らは議会の会期内で
の進展を望むが，子どもの潜在能力やライフチャンスを長期にわたり改善す
るには時間がかかる．組織としての過去の記憶（インスティテューショナル・メモリー）が政府官庁内にほとんど存在
しないため，異なる政権間で，同じ政策を維持するのは困難である．実施の

難しさであったり，政策をテストし，そこから学び，適応させていく必要性
をわれわれは過小評価している．

　第二に，公共政策には不可避的なトレードオフがあり，競合する優先度や
利害，そして限りある資源のなかで事を進めていくこととなる．まず国家権
力による行為によって，見定めた問題をうまく解決できそうか考察せねばな
らない．その見通しが立てば，今度はどのレベルで携わるかが問われる．具
体的には，国レベルか，リージョン，地域，あるいはより身近な範囲で行う
べきか．また規制をかける立場なのか，財政支援を行うのか，あるいは直接
提供するのがよいのか，という問いである．介入が金銭に見合う価値を持つ
か否かに関するエビデンスは，折り合いのつく点を探るうえで有用なツール
である．特にホワット・ワークス・センターにおいてこの動きが加速してい
る一方，幅広い政策やサービスの評価となると，エビデンスによる検証は未
だ非常に限られた範囲に留まっている．

　第三に，トップダウン型の政策立案には限界がある．公共政策は子どもの
成果を支えるうえで決定的役割をもつが，それはなにも国家に限った話では
ない．あらゆる策に国家が主体的に関わることは最善とはいえず，何かを無
効化したり，さらには悪化させることもあり得る．政府の法定サービスの中
には，悪事の発生を未然に防ぐよう意図されたものがあり，セーフガーディ
ング手続きの規制[1]がこれに含まれる．しかし，それらはあまりにも詳細な
規定のため，イノベーションを抑制するかもしれない．実際，コミュニティ
の関与によって政策やサービスが作り出され，新しいイニシアティブが発展
するボトムアップ型アプローチと，中央政府，地方政府ないし官公庁によっ
て明確に規定され権限が付与された，影響力に関するエビデンスが決め手と
なる（トップダウン型）アプローチとの間には継続的な緊張関係が存在する．
協　　働（コプロダクション）とは，コミュニティや地域住民が公共団体と一緒になって，地域の
ニーズに応え，地域の人々に受け入れられるようなサービスを再設計するこ

---

　1）　各専門機関は法定拘束力のあるガイドラインに従い，他機関と連携し，セーフガー
　　ディング，つまり健康や発達を阻害するものから子どもを守る行動が求められる．

とを指す．ただし，サービスから利益を受けうる者すべてがその設計に携わるわけではない．これは協　働（コプロダクション）の不可避の難点である．最も切迫した必要（ニード）をもつ者が，参加から最も遠い位置にいるかもしれず，実際に，地域コミュニティの他のメンバーからそうした人々の参加が反対される可能性がある．コミュニティ主導型イニシアティブに関するエビデンスは，未だ初期段階にある．ただし地域のサービス利用者の関わりなしに，介入が成功し得ないのは明らかであり，意図したグループがサービスの利用を望まなければ，物事はうまく進まないだろう．その一方で，意図したグループの人たちがサービスを利用し，利益を受け，役に立ったと述べても，それでもって子どもの成果に対する継続的な影響が示されたとはいえないであろう．

　第四に，家族政策はその対象を，**すべての**子どもであったり，**貧困下にある**子どもや，**複合的困難**を抱える家庭に育つ子どもに定め，実施を試みてきた．ただし，対象の絞り方のバランスは時とともにシフトしてきた．労働党政権時は，普遍的なものや，オープンアクセス型，そしてターゲットを絞ったサービスという全範囲にわたっていた．連立政権と保守党政権時は，いずれも保育・幼児教育を除き，高リスクな家族に対象を絞る政策をさらに推し進める形へ重点がシフトした．普遍的なサービスと，対象を絞るサービスとの間には，避けられない緊張関係がある．皆がアクセスできるがゆえに普遍的サービスには費用がかかるが，時として最も必要（ニード）のある人に届かないことも多い．そうした人々には，サービス利用を強く促す必要があるだろう．一方，対象を絞るサービスは，多くの場合，閾値のわずか下にいる人々を除外する．ここでいう閾値をわずかに下回る人々とは，困難がさらに悪化することを未然に防ぐであろう，敷居の低い支援から利益を得られる人たちである．これらに加え，貧困状態にある家族に向けられた長年にわたる語（ナラティブ）りは，複雑な問題を抱えた家族への語りへと変化の度合いを一段と強めており，貧困はとりわけ金銭の話ではなく特定の不利と関連して定義されるようになった．確かに，複雑な問題を抱える家族の多くが低所得で暮らす傾向にある．しかし，だからといって，低所得の家族の大半が，いくつもの深刻な問題を抱え

ているわけではない．あくまでもそうした家族にとっての最大の問題は，金銭の不足である．所得不足の解決は，生活に必要不可欠な支出を低く抑える／所得を増やすという点にかかっている．より手厚い社会保障給付と併せて，住居・チャイルドケアおよびその他の必需品について価格をコントロールするか補助金を出すこと，そして賃金の高い仕事がわれわれには必要である．

## 3.　誤用や欠落も見受けられる科学的根拠<ruby>エビデンス</ruby>：幼児の脳の発達について

　幼児の脳に関し，進展を続ける生物科学は刺激的だが，イギリスの文脈では2つの問題を孕みながら用いられてきた．1つは，幼児期の経験が最善でなければ，すべてが失われるという決定論的見解を引き起こした点である．もう1つは，とりわけ貧困や貧弱な住居という，子どもの成果に影響を与える幅広い制度上の問題にふれることなく議論が行われている点である．先駆的な書籍である『神経細胞<ruby>ニューロン</ruby>から地域社会まで』（Shonkoff and Phillips, 2000）が出版されて以来，幼児に関する神経生物学への注目はますます増大してきた．その報告書は，最も影響力を持ちうるサービスとは何かに加え，脳科学について分かっていることすべてを1つに結びつけるものであった．「神経細胞<ruby>ニューロン</ruby>から地域社会まで」というタイトルが物語るとおり，あらゆる領域が大切である．この本では幼児期の重要性に関するエビデンスが提供されている．ただしこれと関連のある「乳幼児への適切なケアの提供がなければ，もうその子に見込みはない」という最近の見解は，その本に含まれていない[2]．

　　乳幼児期の経験は，明らかに脳の発達に影響を与える．しかし近年，「0歳から3歳」を決定的ないし特に感受期として着目することには大きな問題がある．それは別に，乳幼児期は脳の発達にとってさしたる影響を

---

2]　なお，この本はアメリカの研究書である．

与えない期間だと言っているわけではない．そうではなく，単に，生まれてから3歳までの期間に対する不相応なほど大きな注目は，〔脳は出生前から発達するという意味で〕スタートとして遅すぎるし，〔脳はその後も発達するという意味で〕終わりにしてしまうには早すぎるのだ．（Shonkoff and Phillips, 2000）

イギリスでは，乳児にとって正常な脳の発達を促す最適な経験に関する知見が，「乳児のときに適切な養育を受けないとすべてを失う」ことをほのめかす語りへと変わってしまった．脳科学を説明する言い回しには，**脳のアーキテクチャと基礎**といった言葉が含まれ，構造と機能の永続性を示す従来ながらの隠喩が伴われる．第3章で述べた通り，幼児期は特定の感受性の期間である一方，脳の発達は成人になっても続くことが分かっている．誤った語りは，科学の誤用だけでなく，政策面でいえば，幼児期におけるリスクへの暴露が不可避的なダメージを与えるという想定につながる．5歳を過ぎた一部の子どもに何の希望もないと想定するなら，われわれはあらゆるフェーズでの発達の最大化など望みようもない．

　脳の発達に関するイギリスでの語りがもつさらなるリスクは，主に親の経験や行動に注目が集まり，貧困や質の低い環境という社会的分脈が欠落してしまうことである．イギリスでは，妊娠から出生後2年までに対する注目が『偉大なイギリス人を築きあげる：最初の1001日』と題した報告書で提示された．これは，「受胎から満2歳児までに関する超党派議連」のために作成されたものであった（All Party Parliamentary Group for Conception to Age 2, 2015）．その報告書では家族の貧困，貧困下にある近隣住民，家族へのプレッシャーという幅広い問題については触れられていない．主たる着眼点は，脳の発達やアタッチメントの重要なフェーズについてであり，不十分な子育てや親の危険な行動により，初期発達が危険な状態に置かれることは，取り返しのつかないダメージと表現されている．「プラスの環境が乳児にとって最適な発達を支援できるのと同様に，マイナスの環境は脳の発達を妨げ

かねない．そのとき，潜在的には発達する脳に対し生涯にわたり破壊的効果
がもたらされる可能性がある．それは一生を通じ，メンタルヘルスの問題，
リスクを伴う行動，うつ症状や不安を抱きやすくなる可能性を与え，暴力を
ふるう気持ちすら生み出しかねない」（All Party Parliamentary Group for
Conception to Age 2, 2015）．貧困には何も言及していないが，妊婦と乳児
に最も危険と説明された行動は，階級に対する先入観をほのめかすものであ
る．すべての妊婦とそのパートナー，および新たに親となった者たちが，い
くつかの良い行動に従い，他の悪い行動を慎みさえすれば，すべての幼い子
どもたちは納税を行う生産的市民に成長するだろう，というのがその語りの
意味するところである．政府の役割は，子育てを行う能力への支援だとされ
る一方，低所得，貧弱な住まい，貧困下にある近隣住民という要因から受け
るプレッシャーを減らす役割は全く認められていない．（特に初めて経験す
る）子育てには，最初の数か月間，本当に気後れさせられる可能性がある．
この10年にわたり，親へのアドバイスは神経科学による解明と強く関連し
たものになってきた．その解明は，中流階級の親たちが誤った行動をするこ
とを恐れさせ，低所得の親たちは自らの子育てスキルに関し，コンタクトを
取った専門家の不当な判断にさらされてきた．アルコールや薬物の乱用，
DVや過酷な家庭環境により生じる取り返しのつかないダメージを表す言葉
である**毒性ストレス**（toxic stress）は，貧困状態にある家族と強い関連性が
ある．それと同時に，裕福な家族は，幼いわが子への幼児向け映像音楽や暗
記カードが，良い学校，良い大学への入学をめぐり激しさを増す競争環境で
成功する際に役立つと信じている．悲しいことに，わたしたちはいずれの場
合においても，理想とする未来への投資とは対照的に，自分たちや子どもら
が子ども期それ自体を楽しむ贅沢を認めていない．


## 4.　政策と研究の欠如

最後に，研究と政策には重大な隔たりが残っている．これまで青年期につ

いて，および 10 代の子や若者の成人期への移行を親がどうサポートするの
かということについて，さしたる注意は払われてこなかった．政府の政策は，
子どもの発達を，5 歳未満，就学期の子ども，16 歳以降という年齢段階で分
けている．しかし子育てを含む家族政策は，各部門（教育，雇用，住宅，健
康）の領域を横断する．部門ごとに重視するものには若干の差があり，とき
には政策目標が相反することもある．こうした構造は避けられるものではな
い．任務は何らかの方法で配置されねばならないからだ．だとしても，往々
にして何が取り残されるかはその構造によって決まる．予想のつく通り，就
学期の子どもたちは主に教育政策により対処される．どの政権も，教育に取
り組まなかったとの非難は受けえない．少なくともブレアからメイまでの 4
人の首相は，教育に多大な関心を寄せてきたからだ．子どもたちはしばしば
生徒と呼ばれ，制度によって本人のステータスは決まる．教育政策は主に学
校体系の仕組みや教授法，教育関係従事者に関するものであり，親との関わ
りや子どもの達成度，健康，ウェルビーイングに影響を与える幅広い社会問
題との関わりは薄かった．そのため，親への支援や家族政策は，プライマリ
ースクールよりも年上の子どもたち（11 歳〜）について，あまり着目して
こなかった．

　親にとって，子が 10 代の頃はとりわけ難しい期間となりうる．若者が行
為主体性を求め始めるのを尊重しつつ，引き続き彼/彼女らを保護し，養う
という両者の間で均衡を取るのは難しい．問題の中心が入眠儀式や食事・ト
イレのトレーニングになりがちな非常に幼い子どもとは異なり，若年成人の
誤ちは 10 代での妊娠やアルコール・薬物の乱用，そして良くも悪くも若者
どうしの人間関係という点で，非常に甚大な影響をもたらしうる．近隣住民
も，家庭の影響を相当大きく減じる一因となる．親はフルタイムで勤務する
ことが多くなり，サポートのために顔を合わせる時間は減少する．さらに
10 代の子をもつ親にとって，何気ない互いのサポートを行うための，お決
まりの場所はない．もはや彼/彼女らは学校の校門で待っていたり，チルド
レンズ・センターへ行ってその中で遊んでいたり，図書館での集まりに参加

したりしない．10 代の少年少女の子育ては総じて孤独であり，困難の共有
が負の烙印を強める可能性もある．

　幼少期とは異なり，青年期後期は，政策を作る際に支えとなるアカデミッ
クな語りを欠いている．また研究の財源は，往々にして政策上の利害関係に
よってもたらされる．そのため，青年期後期に関するグループにとって，政
策と研究はいずれも相対的に手薄である．その例外が，青年期の生活はどう
変化しているかについての一連の論考とデータをまとめた著作であるアン・
ヘーゲル編『変わりゆく青年期』（Hagell ed, 2012）と，イングリッド・ス
クーンが執筆したペーパー『若者の移行を支援する』（Schoon, 2018）である．
就学期の後半に関し，労働党政権および連立政権下で主に強調されたのは，
学力形成と大学進学への道を広げることであった．第 5 章でみたように，16
歳以上の継続教育部門の生徒 1 人あたりの公的支出は，実質ベースでみて
2000 年代に増加したあと，2010 年代に減少しており，今や，5〜16 歳の就
学期の生徒 1 人あたりの支出を下回っている．労働党にとって，イングラン
ドでの目標とは，すべての若者のうち 50% が大学へ行き，若者全員が 5 つ
の科目で GCSE（中等教育修了一般資格）の A から C 評価を達成すること
であった．そうした目標は学業成績を大幅に改善する原動力となった一方，
とりわけ所得分布の下位 50% に属する若者に重大なリスクをもたらした．
第 4 章で述べた通り，労働党政府は，16 歳以上の年齢層に対し，教育維持
手当やコネクションズ，そして 10 代の妊娠対策に的を絞った取り組みに対
し，大きな投資を行った．10 代の妊娠に対する取り組みは顕著な成功を収め，
教育維持手当は教育への参加を増加させた．しかしコネクションズは，その
効果についてほとんど評価されず，連立政権によって解体された．連立政権
および保守党政権下で強調はシフトしている．具体的にはシティズンズ・サ
ービスという例外を除いて，困難家族プログラムを通じ複数の困難を抱える
家族に着目したり，かなり常軌を逸した行動（10 代の非行集団，ムスリム
の若者の急進化，少女の人身取引）をとる人々に着目するようになった．よ
り最近では，青少年のメンタルヘルスに対する大規模な取り組みを行ったり，

本書の執筆時点で完成するはずの，中等教育後の教育に関するレビューにおいて，技術的・職業的スキルを新たに強調している[3]．

サットン・トラストやリゾリューション財団を含むシンクタンクは，（とりわけトップクラスの大学への進学以外の道を歩む）若者たちが経験する不利に，ますます注目するようになった．2010年には，話題となったデイヴィット・ウィレッツ著『危機―ベビーブーム世代による，子どもたちの未来の収奪と，その返還を行うべき理由―』が出版された（Willetts, 2010）．この本のメッセージが公共政策の提案に影響を与えるまで何年もかかった．2017年に社会移動委員会も，1980年から2000年生まれの若者，つまりミレニアム世代のライフチャンスの隔たりが，ますます拡大していることを報告している（Social Mobility Commission, 2017）．ミレニアム世代は，停滞する賃金，高騰する住居費，その多くが不安定である民間賃貸部門への依存，そして，それまでの世代と比べ，仕事で進展を遂げる機会の大幅な減少に苦しんできた．20年前と比べ，20代および30代前半の若者は親と一緒に暮らす傾向にあり，子育てはさらに長期化しつつある．その年齢層の若者を育てている親は，いわばパパママ銀行となっている．すると今度は，子どもが成人期初期になるまでのサポートをできない親が現れ，その親のもとで育つ若者の世代間の不利が浮き彫りになる[1]．近年における，若年成人への関心自体は歓迎すべきものであり，ここまでずいぶんと長い時間を要した．ただし話はこれで終わらない．青年期の若者とその親の両方に対し，教育や訓練，身体的・精神的健康，人間関係のサポートを含む支援を一緒に提供する，一貫した政策枠組みは今もないのだ．

そうであるのなら，次はどこに向かえばよいのだろうか．わたしたちは，単純に時計の針を戻すことはできない．だからこそ，政策は現在と将来の課

---

3〕　その後，2020年より，16歳以上19歳未満を対象に2年間の高度技術者養成課程を提供するカレッジやアカデミーで，学生はTレベルと呼ばれる，職業に必要な専門知識及び技能の取得を目指し，修了後に国家認証資格を取得することができるようになった．

題に適したものでなければならない．

## 5.　未来に向けて欠かせないこと

　実際のところ，すべての親たちは自分の子どもにできる限りのことがしたいと望んでいる．しかしながら，1 つの社会として，どうすればわたしたちは自分自身の家族を超えた広いまなざしを持ち，次世代への共同責任の意識や，子どものウェルビーイングと今後の潜在能力を支える共通の熱意を育むことができるだろうか．子どもにやさしい社会を創るには，何が必要だろうか．親や青少年が自らの将来を見定めることができる状況を，私たちはどうやって用意すればよいのだろうか．

　政府は，中央および地方レベルで，家族のプレッシャーを減らし，かつ潜在能力を高めるための合理的な役割を担っている．実際の生活費用を反映した十分な額の給付を備える公平な福祉国家によって，プレッシャーは削減できる．労働市場において親の稼得が低い原因に対処すること，および所得再分配の両方を通じ，国家は子どもの貧困に取り組む決定的な役割を担っている．金銭はそれ自体大切だが，経済的に無理のない価格で質の高い住宅，交通機関，保育・幼児教育に手が届くことも重要である．政府はそうしたサービスの財政的負担・規制・提供（どれか 1 つとは限らない）において主たる役割を担っている．家族が極度の貧困状態に陥ることがないよう，基礎的な財・サービスを提供するセーフティネットには，速やかな修繕が必要である．また，公的な予算に立脚したサービスと特定の介入は，母親や父親のメンタルヘルス，子育てスキル，そして親どうしの関係を支えるうえで重要な役割を果たす．なお，これら（親のメンタルヘルス，子育てスキル，親どうしの関係）は，すべて子どものウェルビーイングや長期にわたる認知・社会・情動発達の中心となるものである．

　累進課税，住宅，雇用の分野で行われる再分配政策は，政府の介入を要する大規模な制度的改変である．親の潜在能力の向上を意図した政策は，それ

に比べるとかなり費用を抑えられるが，実行に移したり，別の地域へ転用することは容易ではない．最も効果的なアプローチについて，われわれは未だ学びの途中にある．継続的にテストし，学ぶ必要がある分野なのだ．加えて，再分配政策と親の潜在能力を高める政策のいずれも，強烈な賛否両論を巻き起こす．どちらも大切だと国民を説得するのが，選出を目指す政治家の重要な任務である．

　サービスは，潜在能力の向上に加え，プレッシャーを削減しうる．サービスの公衆衛生アプローチには様々な支援が含まれる．具体的には，普遍的な支援や，オープンアクセス型，対象を絞るタイプ，そして個々の状況に即した支援がある．このアプローチは初期段階での予防と早期介入を可能にする．所得グループを超えて，すべての家族と個人には，その人生の時々に応じた必要があるため，権利保障の普遍的基礎は必須である．また普遍的なサービスを利用可能にすることは，短期ないし長期の追加的必要がある人を特定するうえでも最も効率的な方法である．ただし，いったん提供されると，普遍的サービスをやめることは難しい．それは幅広い国民の支持を集めているからである．オープンアクセス型サービスは，ボランタリー組織によって提供されることが多い．それは権利保障でも，予め対象を絞ったものでもない．各々の地域で，オープンアクセス型家族支援サービスの適切な水準，類型や地域性が決められる．残念なことに，財政が逼迫すれば，こうしたサービスは真っ先になくなる可能性が高いが，対象を絞るタイプの基準からわずかに外れた人に手が届く点で重要な役割を果たしており，多様なグループが一緒になってコミュニティの結束力の発展を促すことも多い．またサービスは家族生活の動態的な性質を反映したものでなければならない．具体的には，受胎から若年成人期に至るまでに存在する重要な移行時の必要を満たし，多様性が増す傾向にある家族構造や諸事情に適合する柔軟性が必要である．

　新技術は，サービスの組み合わせの一部として，ますます大きな存在となっている．具体的には，親/子どもと実務者との間でコミュニケーションを取るための申し込みフォームの提供や，直接，情報を参照可能にすること，

また利用者間での知識や経験の共有を目的とする，グループ別フォーラムの提供が行われるようになった．キーとなるのは，確実に家族や子どもたちがイノベーションを利用できるようにすること，そして人々の間でギャップを拡大させず，その差を埋めることである．スマートフォンの普及により，新技術へのアクセスは飛躍的に向上した．スマートフォンと PC は，新たな学びや遊びの方法を生み出したが，その一方でリスクももたらしている．子どもたちは座りがちで，外で遊ぶ時間が減り，ネットいじめや，ソーシャルメディアを通じた社会不安の増大が考えられる．PC やスマートフォンの画面を見ている時間の長さと，睡眠障害や他の多くのリスクとの間には関連性がある．政策はゆっくりと新技術に追いついてきているが，低所得の家族・子どもたちの生活や機会を向上させる形で新技術を活用するには，まだまだ時間がかかるのが現状である．

　政府は，雇用主と協力しながら，より家族にやさしい雇用環境を作り出すうえで大きな役割を果たしてきた．ワーク・ライフ・バランスは，親が子どもと関わり，ともに遊び，また子どもを支え，導くための時間を増やすうえで欠かせない要素である．ただし，他にもできることはあるはずだ．産休手当は国定生活賃金を大幅に下回っており，非常に低い賃金で働く女性が，母親休業・育児休業の権利保障をフルに使うことはほぼ不可能である．いまだ父親は，子どもの世話をする時間を作り出すため，仕事を休むようにはみえない．これはある程度，ジェンダー間の賃金格差を反映している．加えて，父親と母親の権利保障の違いや，また，変わりつつあるものの，男性と女性の役割に関する文化的な期待の表れでもある．北欧型に目を向けると，父親休業の取得率の高さと給付金対象の日数の長さに加え，**パパ休暇**[4]（取得しないと失ってしまう）が夫婦間のバランスをとることに役立つ可能性がある．

　また，子どもと家族にやさしい社会を生み出せるかは，次世代への責任を共有する世代間の結束力の強化にかかっている．セーフガーディングを考慮

---

4〕　北欧ではパパ・クオータ（割当）を採用している国があり，育児休業のうち一定割合は父親が取得しないと，給付金を受け取る資格を失う．

に入れると，祖父母が，子どもへの一般的なケアやキンシップ・ケア（親以外の親族や家族の友人によるケア）の点で極めて重要な役割を担う．これまでに，異なる世代を1つにするコミュニティの取り組みも行われてきた．年上の人々が子どもへの読み聞かせや遊びの手伝いをするため教室に出向くこともあれば，妊婦や赤ちゃんがグループで老人ホームを訪れることもある．こうした出会いは，若者世代にも，その上の世代にも恩恵をもたらす．また，世代間交流を生活環境や公共・民間・コミュニティサービスにどう組み込むかを考える余地は今も大きく残されている．

　最後に，新しい政策と既存の政策すべてが，定期的に評価を受けレビューされる必要がある．どのような状況で，誰の役に立つのか．政策の意図は明確で，対象は絞っているか．政策が解決しようとしている問題について，合意は得られているか．解決策が功を奏しているか否かを知る明確な指標はあるか．そして最も重要な問いは，政策ないし介入の対象と目される人々が，解決すべき問題は確かに存在すること，およびその解決策を設計するうえで自分自身にも果たすべき役割があることに同意しているか，ということである．子どもや若者，親たちが自らにとって大切な問題を見極める際に，当事者の声をくみ取り，それを強く知らしめることが，効果的な政策立案と応答的なサービスに欠かせぬ要素の1つとなる．

　まとめると，理想的な体系はどのようなものになるだろうか．主たる特徴には，下記のものが含まれるだろう．

- すべての子ども・家族・個人が国家に求めうるものとして立案された，重要な権利保障—医療，チャイルドケア，教育，適切な水準の住居，交通機関，子育てと人間関係のサポート，最低限の所得
- 予防，早期介入，リスクの高い家族への個別対応を含む公衆衛生アプローチ
- ライフコースを通じた家庭生活の動態的な性質と，各々のコミュニティや家族類型がもつ多様な必要（ニード）に対応する，制度面の柔軟性

* どこで，誰を対象とする制度が機能しているか，また効果的な応答を生み出せていないのはどこなのかを識別するための，透明性の高い定期的なデータ収集

　間違いなく，今やすべての政党が，家族は政策や財・サービス提供の正当な領域だと考えている．すべての政治家は変化を起こし，住民の生活改善のために選挙に勝ち，政権を握ろうとする．ただしすべての政党が，親子の潜在能力の向上だけでなく，子どもの貧困削減というレンズを通じて，すべての政策の評価を確実に行うまでの道のりは遠い．今後の公共政策では，この2つの目標に同等の重みづけをする必要がある．それは給付水準を以前のものに戻し改善するための多大な投資を要する．また，チルドレンズ・センター，ユースクラブ[5]，図書館，そして子どもの遊び場という伝統的なコミュニティサービスの提供にも投資が必要である．地域の親どうしが出会う場がないのに，イノベーションの協　働（コプロダクション）が実現するはずもない．

　現在は不安定だが，これから新技術とコミュニティによる解決策が発展し，テストされ，普及するであろう基盤（インフラ）を強化するには，何年もかけて相当な投資をする必要がある．これまで述べた目的を達成するには，金銭だけでなく，議会と対比した地方政府の役割，所得グループ間の再分配における政府の役割，そして現時点での世代間不公正についても大きな決断を下す必要がある．過去から学ぶというのは，それを再現することではない．過去の過ちを回避し，将来に向けた視野を整える試みなのである．

**注**

1　以下を参照．www.resolutionfoundation.org/advanced/a-new-generational-contract

---

5〕　若者が様々な活動に参加できる場．

# 参考文献

Acquah, D., Sellars, R., Stock, L. and Harold, G. (2017) *Interparental conflict and outcomes for children in the contexts of poverty and economic pressure*, London: Early Intervention Foundation.

All Party Parliamentary Group for Conception to Age 2 (2015) *Building great Britons conception to age 2, the first 1001 days*, London: Wave Trust and PIPUK.

Asmussen, K. (2011) *The evidence-based parenting practitioner's handbook*, Abingdon: Routledge.

Asmussen, K., Feinstein, L., Jack, M. and Chowdry, H. (2016) *Foundations for life, what works to support parent-child interaction in the early years*, London: Early Intervention Foundation.

Asmussen, K., Law, J., Charlton, J., Acquah, D., Brims, L., Pote, I. and McBride, T. (2018) *Key competencies in early cognitive development: Things, people, numbers and words*, London: Early Intervention Foundation.

Axford, N. and Berry, V. (2018) 'Perfect bedfellows: why early intervention can play a critical role in protecting children', *British Journal of Social Work*, 48: 254-73.

Barbour, L., Eisenstadt, N., Goodall, J., Jelley, F. and Sylva, K. (2018) *Parental engagement fund*, London: Sutton Trust.

Bastagli, F. and Stewart, K. (2011) *Pathways and penalties: Mothers' employment trajectories and wage growth in the Families and Children Study*, CASE/157, London: Centre for Analysis of Social Exclusion, London School of Economics.

Bate, A. and Bellis, A. (2018) *The Troubled Families programme (England)*, Briefing Paper, Number CBP, 07585, 18 July, London: House of Commons Library.

Bellis, M.A., Lowey, H., Leckenby, N., Hughes, K. and Harrison, D. (2014) 'Adverse childhood experiences: retrospective study to determine their impact on adult health behaviours and health outcomes in a UK population', *Journal of Public Health*, 36(1): 81-91.

Bellis, M.A., Ashtoni, K., Hughesii, K., Fordii, K., Bishopi, J. and Paranjothy, S. (2015) *Welsh Adverse Childhood Experiences (ACEs) study, adverse childhood experiences and their impact on health-harming behaviours in the Welsh adult population*, Wales: Public Health Wales, NHS Trust.

Belsky, J. (2001) 'Developmental risks (still) associated with early child care', *Journal of Child Psychology and Psychiatry*, 42(7) : 845-59.

Belsky, J., Barnes, J. and Melhuish, E. (2007) *The National Evaluation of Sure Start, does area-based intervention work?*, Bristol: Policy Press.

Blakemore, S.J. (2018) *Inventing ourselves: The secret life of the teenage brain*, London: Transworld Publishers.

Blandon J., Hansen, K. and McNall, S. (2018) *Evaluating the impact of nursery attendance on children's outcomes final report*, IoE, University of Surrey, London: Nuffield Foundation.

Brewer, M., Cattan, S., Crawford, C. and Rabe, B. (2016) *Free childcare and parents' labour supply: Is more better?*, IFS working paper, London: Institute for Fiscal Studies.

Bronfenbrenner, U. (1989) 'Ecological system's theory', in R. Vasta (ed) *Annals of child development*, 6, Greenwich: JAI Press.

Browne, J. and Elming, W. (2015) 'The effect of the Coalition's tax and benefit changes on household incomes and work incentives', Institute for Fiscal Studies (IFS), Briefing Note BN159. Available at: www.ifs.org.uk/publications/7534

Browne, J. and Phillips, D. (2010) 'Tax and benefit reforms under Labour', Institute for Fiscal Studies (IFS), 2010 Election Briefing Note No. 1. Available at: www.ifs.org.uk/bns/bn88.pdf

Burchardt, T., Obolenskaya, P., Vizard, P. and Battaglini M. (2018) 'Experience of multiple disadvantage among Roma, Gypsy and Traveller children in England and Wales', Centre for the Analysis of Social Exclusion, LSE, Case Paper 208.

Bywaters, P., Kwhali, J., Brady, G., Sparks, T. and Bos, E. (2017) 'Out of sight, out of mind: ethnic inequalities in child protection and out-of home care intervention rates', *British Journal of Social Work*, 47: 1884-902.

Cabinet Office (1999) 'Guide to the centre of government part III: the modernizing agenda'. Available at: www.cabine-office.gov.uk/moderngov/whtpaper/index.htm

Cabinet Office (2017) *Race disparity audit summary findings from the ethnicity facts and figures website*, London: Cabinet Office.

Cameron, D. (2007) 'Civility and social progress', speech to the Royal Society of the Arts, 23 April.

Cameron, D. (2016) 'Life chances for all', 11 January.

Cancian, M., Mi-Youn, Y. and Shook Slack, K. (2013) 'The effect of additional child support income on the risk of child maltreatment', *Social Service Review*, 87(3): 417-37.

Cattan, S., Conti, G., Farquharson, C. and Ginja, R. (2019) *The health effects of Sure*

*Start*. Available at: www.ifs.org.uk/publications 14139 London: Institute for Fiscal Studies.

Chartered Institute of Housing and Resolution Foundation (2014) *More than a roof: How incentives can improve standards in the private rented sector*, London: Chartered Institute of Housing and Resolution Foundation.

Children's Commissioner for England (2018) *Vulnerability report 2018*, London: Office of the Children's Commissioner.

Chote, R., Crawford R., Emmerson, C. and Tetlow, G. (2010) *Filling the hole: How do the three main UK parties plan to repair the public finances?*, 2010 Election Briefing Note No. 12 (IFS BN99), London: Institute for Fiscal Studies, Nuffield Foundation.

Cmd 6404 (1942) Social Insurance and Allied Services; Report by Sir William Beveridge, London: HMSO. 〔ウィリアム・ベヴァリッジ著，一圓光彌監訳，森田慎二郎・百瀬優・岩永理恵・田畑雄紀・吉田しおり訳 (2014) 『ベヴァリッジ報告：社会保険および関連サービス』法律文化社〕

Cobb-Clark, D., Salamanca, N. and Zhu, A. (2016) *Parenting style as an investment in human development*, Working Paper 2016, Bonn: Institute for the Study of Labour.

Commission on Social Justice and IPPR (Institute for Public Policy Research) (1994) *Social justice, strategies for national renewal*, London: Vintage.

Conservative Party (1997) *You can only be sure with the Conservatives*, London: Conservative Party.

Conservative Party (2010) *Invitation to join the government of Britain, the Conservative manifesto 2010*, Uckfield, Sussex: Pureprint Group.

Conservative Party (2017) *Forward together, our plan for a stronger Britain and prosperous future*, London: St Ives PLC.

Cooper, K. (2016) *CASE, Centre for the Analysis of Social Exclusion, annual report 2016*, CASEreport 112, London: LSE.

Cooper, K. (2017) 'Poverty and parenting in the UK', PhD thesis, London School of Economics and Political Science (LSE).

Cooper, K. and Stewart, K. (2013) *Does money affect children's outcomes? A systematic review*, York: Joseph Rowntree Foundation.

Cooper, K. and Stewart, K. (2017) *Does money affect children's outcomes? An update*, CASE paper 203, London: LSE, Centre for the Analysis of Social Exclusion.

Cortlett, A. and Judge, L. (2017) *Home affront: Housing across the generations*, London: Resolution Foundation.

Corlett, A., Clarke, S., D'Arcy, C. and Wood, J. (2018) *The living standards audit*

*2018*, London: Resolution Foundation.

Crawford, C., Goodman, A. and Greaves, E. (2013) *Cohabitation, marriage, relationship stability and child outcomes: Final report*, IFS Report 87, London: Institute for Fiscal Studies.

CYPN (Children and Young People Now), Children's Society and NCB (National Children's Bureau) (2015) *Cuts that cost, trends in funding for early intervention services*, London: NCB.

DCSF (Department for Children Schools and Families) (2010) *Support for all: The families and relationships Green Paper*, London: HMSO.

Del Bono, E., Francesconi, M., Kelly, Y. and Sacker, A. (2016) 'Early maternal time investment and early child outcomes', *Economic Journal*, 126(596): 96-135.

Department of Health and Department for Education (2017) *Transforming children and young people's mental health provision - a Green Paper*, Cm 9523.

Dermott, E. (2008) *Intimate fatherhood: A sociological analysis*, London and New York, NY: Routledge, Taylor & Francis Group

De Vaus, D., Gray, M., Qu, L. and Stanton, D. (2015) *The economic effects of divorce in six OECD countries*, Research Report No. 31, Canberra: Australia Institute of Family Studies.

DfE (Department for Education) (2018) *Provision for children under five in England*, London: HMSO.

DfES (Department for Education and Skills) (2003) *Every child matters*, Norwich: The Stationery Office.

DfES (2007) *Every parent matters*, Nottingham: HMSO.

Dotti Sani, G.M. and Treas, J. (2016) 'Educational gradients in parents' child-care time across countries, 1965-2012', *Journal of Marriage and Family*, 78(4): 1083-96.

DWP (Department for Work and Pensions) (2017a) *Improving lives: Helping workless families, analysis and research pack*, London: HMSO.

DWP (2017b) *Improving lives, helping workless families*, London: HMSO.

DWP (2019) *Households below average income (HBAI) summary tables*, London: National Statistics.

Early Intervention Foundation (2018) *Realising the potential of early intervention*, London: Early Intervention Foundation.

Economic Dependency Working Group (2009) *Dynamic benefits*, London: Centre for Social Justice and Oliver Wyman.

Eisenstadt, N. (2011) *Providing a sure start, how government discovered early childhood*, Bristol: Policy Press.

Family Rights Group (2018) *Care crisis review: Options for change*, London: Nuffield

Foundation.

Faux, T. and Platt, L. (2015) *Parenting and contact before and after separation*, London and Canterbury: LSE and University of Kent.

Feinstein, L. (2003) 'Inequality in the early cognitive development of British children in the 1970 cohort', *Economica*, 70(277): 73-98.

Feinstein, L. (2015a) 'Social class differences in early cognitive development: a response from Leon Feinstein', *Longitudinal and Life Course Studies*, 6(4): 476-83.

Feinstein, L. (2015b) 'Social class differences in early cognitive development and regression to the mean', *Longitudinal and Life Course Studies*, 6(3): 331-76.

Feinstein, L. (ed) (2015c) *Social and Emotional Learning, Skills for Life, Overview Report*, London: Early Intervention Foundation.

Field, F. (2010) *The foundation years: Preventing poor children becoming poor adults*, London: Cabinet Office.

Fitzsimons, E. and Villadsen, A. (2018), *Father departure from the household and childhood mental health: how does timing matter*, London: Centre for Longitudinal Studies Working paper 2018/1, Institute for Education/UCL.

FNP (Family Nurse Partnership) and Dartington Service Design Lab (2018) 'FNP adapt interim report'. Available at: https://fnp.nhs.uk/media/1246/fnp-adapt-interim-report.pdf

Gambaro, L. and Stewart, K. (2015) 'A question of quality: do children from disadvantaged backgrounds receive lower quality early childhood education and care?', *British Education Research Journal*, 41(4): 553-74.

Gambaro, L., Stewart, K. and Waldfogel, J. (2014) 'Equal access to early childhood education and care? The case for the UK', in L. Gambaro, K. Stewart and J. Waldfogel (eds) *An equal start? Providing quality early education and care for disadvantaged children*, Bristol: Policy Press.〔ルドヴィクア・ガンバロ，キティ・スチュワート，ジェーン・ウォルドフォーゲル「第2章　イギリス　保育・幼児教育への平等なアクセスは保証されているのか？」，ルドヴィクア・ガンバロ，キティ・スチュワート，ジェーン・ウォルドフォーゲル編，山野良一・中西さやか監訳，大野歩・鈴木佐喜子・田中葵・南野奈津子・森恭子訳（2018）『保育改革の国際比較　子どもの貧困・不平等に世界の保育はどう向き合っているか』明石書店〕

Goldstein, H. and French, R. (2015) 'Differential educational progress and measurement error', *Longitudinal and Life Course Studies*, 6(3): 331-76.

Goodman, A., Sibieta, L. and Washbrook, E. (2009) *Inequalities in educational outcomes among children aged 3 to 16*, report for the National Equality Panel, London: IFS.

Goodman, A., Joshi, H., Nasim, B. and Tyler, C. (2015) *Social and emotional skills in childhood and their long-term effects on adult life, a review for the Early Intervention Foundation*, London: Early Intervention Foundation, Cabinet Office and Social Mobility Commission.

Gopnik, A. (2016) *The gardener and the carpenter: What the new science of child development tells us about the relationship between parents and children*, London: Vintage.

Gordon, H., Acquah, D., Chowdry, H., Sellers, R. and Feinstein, L. (2016) *What works to enhance interparental relationships and improve outcomes for children?*, London: Early Intervention Foundation.

Gregg, P. and Wadsworth, J. (eds) (1999) *The state of working Britain*, Manchester: Manchester University Press.

Gregg, P., Waldfogel, J. and Washbrook, E. (2006) 'Family expenditures post-welfare reform in the UK: are low income families with children starting to catch up?', *Labour Economics*, 13(6): 721–46.

Hagell, A. (ed) (2012) *Changing adolescence, social trends and mental health*, Bristol: Policy Press.

Harold, G., Acquah D., Chowdry, H., Sellers, R. and Feinstein, L. (2016) *What works to enhance interparental relationships and improve outcomes for children?*, London: Early Intervention Foundation.

Haux, T., Platt, L. and Rosenberg, R. (2015) 'Parenting and post separation contact', CASE paper 189.

Hayes, D. (2017) 'Labour highlights 40% cut in children's centre spending', *Children and Young People Now*, 11 December.

Heath, P. (2009) *Parent-child relations: Context, research and application* (2nd edn), New Jersey, NJ: Pearson.

Hick, R. and Lanau, A. (2017) *In work poverty in the UK: Problem, policy analysis, platform for action*, London: Nuffield Foundation and Cardiff University.

Hick, R. and Lanau, A. (2019) 'Tax credits and in-work poverty in the UK: an analysis of income packages and anti-poverty performance', *Social Policy and Society*, 18(2): 219–36.

Hillman, J. and Williams, T. (2015) *Early years education and childcare: Lessons from evidence and future priorities*, London: Nuffield Foundation.

Hills, J. (2013) *Labour's record on cash transfers, poverty, inequality and the lifecycle 1997–2010*, CASE/175 Centre for Analysis of Social Exclusion, London: London School of Economics.

Hills, J. (2017) *Good times bad times, the welfare myth of them and us*, Bristol: Policy Press.

Hills, J., McKnight, A., Bucelli, I., Karagiannaki, E., Vizard, P., Yang, L., Duque, M. and Rucci, M. (2019) *Understanding the relationship between poverty and inequality, overview report*, London and York: Centre for Analysis of Social Exclusion and Joseph Rowntree Foundation.

HMG (Her Majesty's Government) (2010) *Child Poverty Act 2010 Chapter 9*, London: HMSO.

HMT (Her Majesty's Treasury) (2004) *Choice for parents, the best start for children: A ten year strategy for childcare*, Norwich: HMSO.

HMT (2009) Budget 2009: *Building Britain's future, economic and fiscal strategy report and financial statement and budget report*, London: The Stationery Office.

HMT (2011) *The magenta book, guidance for evaluation*, London: Crown Copyright.

HMT and DfES (Department for Education and Skills) (2007) *Policy review of children and young people, a discussion paper*, Norwich: HMSO.

Home Office (1998) *Supporting families*, London: HMSO.

Hood, A. and Waters, T. (2017a) *Living standards, poverty and inequality in the UK: 2016-17 to 2021-22*, London: Institute for Fiscal Studies.

Hood, A. and Waters, T. (2017b) 'The impact of tax and benefit reforms on household incomes', Briefing Note BN196, Institute for Fiscal Studies (IFS). Available at: www.ifs.org.uk/publications/9164

IPPR (Institute for Public Policy Research) (2018) *Prosperity and justice: A plan for the new economy - The final report of the IPPR Commission on Economic Justice*, Cambridge: Polity Press.

Jerrim, J. and Vignoles, A. (2015) 'Socioeconomic differences in children's test scores: what we do know, what we don't know and what we need to know', *Longitudinal and Life Course Studies*, 6(3): 331-76.

Joyce, R. and Sibieta, L. (2013) 'An assessment of Labour's record on income inequality and poverty', *Oxford Review of Economic Policy*, 29(1): 178-202.

JRF (Joseph Rowntree Foundation) (2018) *Destitution in the UK*, York: JRF.

Kamerman, S. and Kahn, A.J. (1997) *Family change and family policies in Great Britain, Canada, New Zealand, and the United States*, Oxford: Clarendon Press.

Keillor, G. (1974) *Prairie Home Companion*. Minneapolis: Minnesota Public Radio.

Kelley, N., Warhurst, C. and Wishart, R. (2018) 'Work and welfare, "The changing face of the UK labour market"', in D. Phillips, J. Curtice, M. Phillips and J. Perry (eds) *British social attitudes: The 35th report*, London: NatCen Social Research.

Kelly, E., Lee, T., Sibieta, L. and Waters, T. (2018) *Public spending on children in England: 2000 to 2020*, Institute for Fiscal Studies, London: Children's Commissioner for England.

Kelly, G. (2018) *We can't all be winners as a new welfare state emerges*, Observer newspaper, 28 October.

Kiernan, K.E. and Mensah, F.K. (2011) 'Poverty, family resources and children's early educational attainment: the mediating role of parenting', *British Educational Research Journal*, 37(2): 317-36.

Labour Party (1997) *New Labour because Britain deserves better*, Cheam: HH Associates.

Labour Party (2001) *Ambitions for Britain: Labour's manifesto for 2001*, Sutton: HH Associates.

Law, J., Charlton, J. and Asmussen, K. (2017) *Language as a child wellbeing indicator*, London: Early Intervention Foundation.

Leadsom, A., Field, F., Burstow, P. and Lucas, C. (2014) *The 1001 critical days*, London: Department for Education.

Lewis, C. and Lamb, M.E. (2009) *Fathers and fatherhood: Connecting the strands of diversity*, York: Policy Research Bureau and Joseph Rowntree Foundation.

Lewis, J. (2007) 'Teenagers and their parents: parental time and parenting style – what are the issues?', *Political Quarterly*, 78(2): 292-300.

Lindsey, G., Cullen, M.A., Cullen, S., Totsika, V., Bakopoulou, I., Goodlad, S., Brind, R., Pickering, E., Bryson, C., Purdon, S., Conlon, G. and Mantovani, I. (2014) 'CANparent trial evaluation: final report research report', CEDAR, University of Warwick.

Maplethorpe, N., Chalfreau, J., Philo, D. and Tait, C. (2010) *Families with children in Britain: Findings from the 2008 Families and Children Study (FACS)*, London: Department of Work and Pensions.

Marmot, M. (2010) *Fair society, healthy lives, the Marmot review, strategic review of health inequalities in England post-2010*, London: The Marmot Review.

Marmot, M., Stansfeld, S., Patel, C., North, F., Head, J., White, I., Brunner, E., Feeney, A. and Davey Smith, G. (1991) 'Health inequalities among British civil servants: the Whitehall II study', *The Lancet*, 337(8754): 1387-93.

Masarik, A.S. and Conger, R.D. (2017) 'Stress and child development: a review of the family stress model', *Current Opinion in Psychology*, 13: 85-90.

May, T. (2016) First speech as Prime Minister, 13 July.

Ministry of Housing, Communities and Local Government (2019) *Evaluation of the Troubled Families Programme 2015-2020: Findings overview policy report*, London: OCG Crown copyright.

Ministry of Justice (2011) *The Family justice review final report*, London: Crown copyright.

Munro, E. (2011) *The Munro review of child protection: A child centred system: Fi-*

*nal report*, Norwich: TSO.〔(抄訳) アイリーン・マンロー著, 吉田直哉・鈴木更紗訳 (2020)「子ども保護に関するマンロー報告 (最終版) 概要：子ども中心システムに向けて」『敬心・研究ジャーナル』4(1)：71-79〕

National Audit office (2018) *Rolling out Universal Credit*, London: House of Commons.

National Equality Panel (2010) *An anatomy of economic inequality in the UK*, London: Government Equalities Office.

National Evaluation of Sure Start Team (2010) *The impact of Sure Start local programmes on child development and family functioning: Report of the longitudinal study of 5-year-old children and their families*, London: DfE.

National Scientific Council on the Developing Child (2007) *The science of early childhood development: Closing the gap between what we know and what we do*, Available at: www.developingchild.harvard.edu

Nieuwenhuis, R. and Maldonado, L. (2018) *The triple bind of single parent families: Resources, employment and policies to improve wellbeing*, Bristol: Policy Press.

Oates, J., Karmiloff-Smith, A. and Johnson, M. (2012) *Developing brains*, Early Childhood in Focus, Milton Keynes: Open University.

O'Connor, T.G. and Scott S.B.C. (2007) *Parenting and outcomes for children*, York: Joseph Rowntree Foundation.

ONS (Office for National Statistics) (2013) 'Census 2011', Table 1301EW.

ONS (2017) 'Statistical bulletin, families and households'.

ONS (2019) 'UK Economics Accounts time series' (UKEA).

Park, A. and Rhead, R. (2013) 'Personal relationships, changing attitudes towards sex, marriage and parenthood', in A. Park, C. Bryson, E. Clery, J. Curtice and M. Phillips (eds) *British social attitudes: The 30th report*, London: NatCen Social Research.

Phillips, D., Curtice, J., Phillips, M. and Perry, J. (eds) (2018) *British social attitudes: The 35th report*, London: NatCen Social Research.

Phoenix, A. and Husain, F. (2007) *Parenting and ethnicity*, London: Joseph Rowntree Foundation.

Putnam, R.D. (2015) *Our kids, the American dream in crisis*, New York, NY: Simon and Shuster.〔ロバート・D・パットナム著, 柴内康文訳 (2017)『われらの子ども：米国における機会格差の拡大』創元社〕

Resolution Foundation (2018) *How to spend it: Autumn Budget 2018* response, London: Resolution Foundation.

Respect Task Force (2006) *Respect action plan*, London: Home Office.

Richards, L., Garratt, E. and Heath, A.F., with Anderson, L. and Altintaş, E. (2016) *The childhood origins of social mobility: Socio-economic inequalities and chang-*

*ing opportunities*, London: Social Mobility Commission.

Romeo, R., Leonard, J., Robinson, S., West, M., Mackey, A., Row, M. and Gabrieli, J. (2018) 'Beyond the 30-million-word gap: children's conversational exposure is associated with language-related brain function', *Association for Psychological Science*, 1-11.

Ruhm, C. and Waldfogel, J. (2011) 'Long-term effects of early childhood care and education', IZA DP No. 6149.

Rutter, M., Giller, H. and Hagel, A. (1998) *Antisocial behaviour by young people*, Cambridge: Cambridge University Press.

Sammons, P., Sylva, K., Melhuish, E., Siraj, I., Taggart, B., Toth, K. and Smees, R. (2014) *Influences on students' GCSE attainment and progress at age 16. Effective Pre-School, Primary & Secondary Education Project* (EPPSE) *research report*, London: Department for Education.

Sammons, P., Halls, J., Smees, R. and Goff, J. (2015) 'The impact of children's centres: studying the effect of children's centres in promoting better outcomes for children and their families. Evaluation of Children's Centres in England (ECCE Strand 4)', research brief.

Schmid, K., Al Ramiah, A. and Hewstone, M. (2014) 'Neighborhood ethnic diversity and trust, the role of intergroup contact and perceived threat', *Psychological Science*, 25(3) p 670.

Schoon, I., Cheng, H., Jones, E. and Maughan, B. (2013) *Wellbeing of children: Early influences*, London: Institute of Education and Social Research, King's College, London Institute of Psychiatry and Nuffield Foundation.

Schoon, I., (2018), *Supporting Youth Transitions: The role of parenting and family structures understood within a wider context*, Paper presented at an Expert Group meeting organised by The Doha International Family Institute (DIFI) in collaboration with the United Nations Division for Inclusive Social Development of the Department of Economic and Social affairs (UNDESA) and the International Federation for Family Development (IFFD). 11-12 December 2018 in Doha, Qatar.

Sefton, T. (2004) *A fair share of welfare, public spending on children in England*, Case Report 25, London: London School of Economics.

Seldon, A. and Snowdon, P. (2016) *Cameron at 10, the verdict*, London: William Collins.

SETF (Social Exclusion Task Force) (2007) *Reaching out think family: Analysis and themes from the Families at Risk Review*, London: Cabinet Office.

SETF (2008) *Think family: Improving the life chances of families at risk*, London: Cabinet Office.

Shaw, B., Menzies, L., Bernardes, E. and Baars, S. (2016) *Ethnicity, gender and social mobility*, London: Department for Education.

Shelter (2013) *Growing up renting: A childhood spent in private rented homes*, London: Shelter.

Shonkoff, J.P. and Phillips, D.A. (eds) (2000) *From neurons to neighborhoods: The science of early childhood development*, Washington, DC: National Academy Press.

Siraj-Blatchford, I. and Siraj-Blatchford, J. (2009) *Improving developmental outcomes for children through effective practice in integrating early years services*, London: Centre for Excellence in Outcomes in Children's and Young People's Services.

Smith, G., Sylva, K., Smith, T. and Sammons, P. (2018) *STOP START, survival, decline or closure? Children's centres in England, 2018*, London: Sutton Trust.

Social Justice Policy Group (2006) *Breakdown Britain*, London: Centre for Social Justice.

Social Metrics Commission (2018) *A new measure of poverty for the UK*, final report of the Social Metrics Commission chaired by Baroness Philippa Stroud, London: Social Metrics Commission.

Social Mobility Commission (2017) *Time for change: An assessment of government policies on social mobility 1997-2017*, London: Social Mobility Commission.

Social Mobility Commission (2019) *State of the nation 2018-19, social mobility in Great Britain*, London: Social Mobility Commission.

Stewart, K. (2013) *Social policy in a cold climate, Working Paper No 4, Labour's record on the under fives: Policy, spending and outcomes 1997-2010*, July, London: Joseph Rowntree Foundation, Nuffield Foundation and Trust for London, p 5.

Stewart, K. and Obolenskaya, P. (2016) 'Young children', in Lupton, R., Burchardt, T., Stewart, K., Vizard, P., (eds) *Social policy in a cold climate: Policies and their consequences since the crisis*, Bristol: Policy Press.

Stewart, K., Cooper, K. and Shutes, I. (2019) *What does Brexit mean for social policy in the UK? An exploration of the potential consequences of the 2016 referendum for public services, inequalities and social rights*, SPDO Research Paper 3, London: CASE, London School of Economics.

Sylva, K., Melhuish, T., Sammons, P., Siraj-Blatchford, I. and Tagartt, B. (eds) (2010) *Early childhood matters, evidence from the Effective Pre-School and Primary Education Project*, Abingdon: Routledge.

Sylva, K., Sammons, P., Siraj, I., Taggart, B., Mathers, S. and Melhuish, T. (2017) 'Do graduates and ratings really make no difference?', *Nursery World*, 6 March.

Taylor, M. (2017) 'Good work: the Taylor review of modern working practices',

Department for Business, Energy and Industrial Strategy.

Timmins, N. (1996) *The five giants, a biography of the welfare state*, London: Fontana Press, an imprint of HarperCollins Publishers.

Vizard, P., Burchardt, T., Obolenskaya, P., Shutes, I. and Battaglini, B. (2018) *Child poverty and multidimensional disadvantage: Tackling 'data exclusion' and extending the evidence base on 'missing' and 'invisible' children overview report*, CASE Report 114, London: LSE, Centre for the Analysis of Social Exclusion.

Waldfogel, J. (2006) *What children need*, Boston, MA: Harvard University Press.

Washbrook, E. and Waldfogel, J. (2008) 'Early years policy', paper presented at Carnegie Corporation of New York and Sutton Trust conference on social mobility and education, New York.

Washbrook, E., Gregg, P. and Propper, C. (2014) 'A decomposition analysis of the relationship between parental income and multiple child outcomes', *Journal of the Royal Statistical Society*, 177(4): 757-82.

Waters, T. (2018) *Personal tax and benefit measures*, presentation at IFS Budget briefing, London: Institute for Fiscal Studies.

Waylen, A. and Stewart-Brown, S. (2008) *Diversity, complexity and change in parenting*, York: Joseph Rowntree Foundation.

Wellings K., Palmer, M., Geary, R. et al (2016) 'Changes in conceptions in women younger than 18 years and the circumstances of young mothers in England in 2000-12: an observational study', *Lancet*. Available at: http://dx.doi.org/10.1016/S0140-6736(16)30449-4

Wickham, S., Whitehead, M., Taylor-Robinson, D. and Barr, B. (2017) 'The effect of a transition into poverty on child and maternal mental health: a longitudinal analysis of the UK Millennium Cohort Study', *The Lancet Public Health*, 2(3): e141-e148.

Wilkinson, R. and Marmot, M. (eds) (2003) *Social determinants of health: The solid facts* (2nd edn), Copenhagen: World Health Organisation.

Wilkinson, R. and Pickett, K. (2009) *The spirit level: why equality is better for everyone*, London: Allen Lane. 〔リチャード・ウィルキンソン, ケイト・ピケット著, 酒井泰介訳 (2010)『平等社会：経済成長に代わる, 次の目標』東洋経済新報社〕

Willetts, D. (2010) *The pinch - How baby-boomers took their children's future, and why they should give it back*, London: Atlantic Books.

Zaranko, B. (2018) *An end to austerity?*, presentation at IFS Budget briefing, London: Institute for Fiscal Studies.

# 訳者あとがき

　本書は，Policy Press より 2019 年に出版された Eisenstadt, N. and Oppenheim, C., *Parents, Poverty and the State: 20 Years of Evolving Family Policy* の全訳である．イギリス現代社会と家族の変遷，そして親子の貧困に関する社会政策や子育て支援を考えるうえで，コンパクトながら示唆に富んだ内容となっている．2019 年の冬に本書を手に取り，ぜひ邦訳したいと考えた理由は，原著のサブタイトルにもある通り，とりわけ 1997 年の新労働党政権から保守党政権に至る 20 年あまりの家族政策について，その思想的背景にもふれながら分かりやすく論じていたからである．著者であるナオミ・アイゼンシュタット氏，キャリー・オッペンハイム氏がともに労働党政権時に政府と近い距離にいたこともあり，その意味で第 4 章は大変読み応えのある内容となっている．ここでは簡単に，当時の状況や家族政策について補足したい．

　本書にもある通り，1997 年から，新しい労働党は，従来の労働党とは異なり，高齢者だけでなく，子ども・若者への資源投資を通じた「社会的投資国家」の原理に基づく政治を行うべく準備を進めていた．また家族については，とりわけ低所得・ひとり親世帯の就労を奨励し，それに従う者には報酬を与え，仕事を通じて貧困から脱し，親としての役割を実感させることで子育ての責任を履行し，わが子のライフチャンス保障に密接に関わることを基本理念としていた点に特徴がある（津崎，2013）．家族政策の発展はそのような背景のもとで拡充されていった．

　なお日本では，少子化対策というワードは日常的に用いられるものの，家族政策という言葉を耳にする機会は少ない．主に家族政策とは，子育てをおこなう家族への支援という意味合いを持っている．本書 6 頁ではかなり幅広

い施策がこれに含まれるとされているが，一般的な分類に基づくと，下記の通りとなる（田中，2019）．

　まず家族政策とは，大きく分けて3つに分かれる．1つ目は，経済的支援である．本書ではあまりふれられていないが，イングランドでの具体的な政策に沿ってみると，児童手当がこれに含まれ，また労働という側面からみれば国定最低賃金も家族に対する経済的な支援である．加えて，労働党政権下では勤労税額控除（Working Tax Credit, もとは1999年に導入されたWorking Families Tax Credit）と児童税額控除（Child Tax Credit）という2つの給付付き税額控除が導入された．給付付き税額控除とは，働いても一定基準以上の収入を得られない場合に所得税額を控除するだけでなく，基準までの差額分（マイナスとなった金額）を「税還付」すなわち手当として給付するという，税制を活用した所得再分配の仕組みである（金子，2019）．本書では，労働党政権時の就労促進政策を高く評価している箇所が複数みられるが，その背景にはニューディール・プログラムという一連の就労支援策とともに，特に低所得の子育て世帯にとって所得保障の意味合いが強いこれら2つの税額控除の存在が大きかったと思われる．なお児童税額控除については就労が要件とはされておらず，非就労世帯も受給可能である．また勤労税額控除の一部として保育サービス利用料の大半が補助される仕組み（ただし上限が設定されている）が含まれている．

　この点に関し，従来の所得保障制度に代えて連立政権下で導入が進められたのがユニバーサル・クレジットである．それまでは主に非就労世帯に対して所得補助（Income Support）という日本の生活保護に近い給付があったものの，就労を促すシンプルな制度へ再編するという名目で，主たる所得保障制度（所得補助，住宅給付，先述の税額控除など）はすべて2022年までにユニバーサル・クレジットへ統合されることとなった．ただし世帯あたりの総支給額には上限が設定され，2017年より児童加算も第2子までしか認められなくなったという点や，実際には完全移行まで当初の想定より時間を要している点は，本書で指摘されている通りである．また本書の表2.2で示さ

れている通り，新たに就労を促す政策によって子育て世帯の貧困解消を図る
ことは困難な状況となっている．社会的投資で強調される就労を通じた生活
の安定と経済的発展には，質の高い労働が不可欠という点で，イギリスも日
本も同じ課題に直面している．なおユニバーサル・クレジットの受給者も，
チャイルドケアの費用の大半は補助を受けることができる（こちらも払い戻
しには上限がある）．

　さて，すでに就労中の親にとって重要なのは，仕事と子育ての両立である．
家族政策の2つ目の要素は時間的支援と呼ばれるものであり，具体的には母
親休業や育児休業，そしてフレキシブルな働き方に関する政策が含まれる．

　そして3つ目がサービス支援である．学齢期未満のサービスは，一般的に
就学前幼少期教育・ケア（ECEC：Early Childhood Education and Care）と呼
ばれる．乳幼児期の教育・保育への支援は，「子どもの発達の促進」と「親
の就労促進」という2つの効果が期待できると注目された．

　なお，たとえば本書第5章の表5.2では教育段階別でみた分類のなかに
「幼児期への支出」が含まれているが，実際は保育・幼児教育の両方への支
出額を指している点に注意が必要である．これは近年，保育サービス改革が
進められたことと関係している．労働党政権は1998年に「チャイルドケア
戦略」を発表し，緑書において保育サービスの利用を容易にすることが政府
の責任であると明示するとともに，教育行政への統合が宣言された（椨，
2017）．そして「チャイルドケア戦略」の公約に基づき，1998年にすべての
4歳児に対し週12.5時間（年33週間）の教育を無料で受ける権利を付与し
た．4歳児は，もともと単独の幼児教育施設である保育学校か，初等教育
（小学校）付属のレセプションクラスに在籍している者が多く，間もなく目
標は達成された．その後，2004年には無料の幼児教育の対象がすべての3，
4歳児に拡大され，2006年には対象期間が年38週へ広がった．ただし3歳
児については，公立の保育学校や初等教育（小学校）付属の保育学級等のみ
で普遍的な無料教育を達成することが難しかった．そこで，定員の不足分を
保育市場より調達する形で解決が図られたのである．なお，2006年チャイ

ルドケア法で就学前教育と保育の法的区分は取り払われ，一本化された5歳未満児対象の国定カリキュラム「乳幼児期基礎段階」（EYFS：Early Years Foundation Stage）が 2008 年から全面的に導入されている．

　その後，2010 年の政権交代時には幼児教育は週 15 時間へと規模拡大が決定しており，また低所得世帯の 2 歳児への無料提供も始まっていた（椨，2017）．2017 年より一部の家庭（両親が一定の就労を行っている場合）については 3，4 歳児の無料対象が週 30 時間に拡大されたが，教育ではなくチャイルドケアという言葉が用いられるようになっている．

　さて，上記の改革に加え，同じく 1998 年にアナウンスされたのがシュア・スタートである．より詳しくいえば，一般的な子どもと同様に確実な人生のスタートを保障すべく，貧困度の高い 250 地区が対象となり，その地区に暮らす 4 歳未満児とその親が対象となったのが，シュア・スタート地域プログラム（Sure Start Local Programmes）であった．内容としてはアウトリーチと家庭訪問，家族・親への支援，質の高い遊び・学び・ケア，保健サービス，子どもの発達に対する支援，特別な必要<sup>ニード</sup>を有する子どもの支援が含まれていたが，それらに加えて何を提供するかは地域の裁量に任されていた．なお，このプログラムの牽引役となったのが，財務省の故ノーマン・グラス（Norman Glass）であった（Eisenstadt, 2011）．彼は財務省のチーフ・エコノミストとして，幼少期への支援が，とりわけ貧困下にある子どもに効果的であり，将来のコストの削減になるという経済学的な見地に魅力を感じ，シュア・スタートの構想を抱くようになる．そしてすぐさま，シュア・スタートは財務省がこれまでとは全く違う存在だと示すうえで，このうえない象徴的事業になると，当時の財務大臣であったゴードン・ブラウン（Gordon Brown）を熱心に説得している．労働党政権が発足して間もない当時，ブラウンをはじめ財務省のメンバーたちは，財務省には社会政策を実施する力があり，積極的な役割を果たす機関にしたいという想いがあった．そこでまずシュア・スタート立ち上げのための調査を行うことは，給付付き税額控除と並び，財務省の存在感を増す完璧な手本になると考えたのである．

　さて，シュア・スタートはその後，段階的に拡大する方針に変更された．
具体的には，2004年より，総合的保育施設であるアーリー・エクセレンス・
センターや近隣保育所などの施設は，シュア・スタート・チルドレンズ・セ
ンター（Sure Start Children's Centre）へと再編され，対象者は5歳未満児と
その親となった．全国に542か所に存在したシュア・スタート地域プログラ
ムもほぼ全てチルドレンズ・センターに移行した．これは，すべての子ども
の平等保証（ECM）の枠組みに基づいた，サービス統合の改善を図る，主
たる試みの1つと位置付けられた（Stewart and Obolenskaya, 2016）．親向
けの就労支援サービス（ジョブセンター・プラス）と連携が図られるなど，
提供内容も一部変更され，2008年以降には貧困地区以外にも設置が拡大さ
れた（楠, 2014）．なお初期のシュア・スタート地域プログラムは，社会的
に不利な子どもの発達に対し有意な影響を与えなかった（なかには負の影響
を与えたものもあった）ため，チルドレンズ・センターでは保育・就学前教
育の提供が強調されるようになる．しかしその提供義務は貧困地域のチルド
レンズ・センターに限定されていたことから，思うように広がらず，加えて
政権交代後にその義務も撤廃された．またチルドレンズ・センター自体も増
設というよりは既存の施設に新しい機能を上乗せしたものが多かったとされ
る（田中, 2019）．それでもチルドレンズ・センターでの保育・就学前教育
は，その質が全般的に高かったことが指摘されており，施設の数としては
2010年4月時点で全国3,632か所に達した（なお，そのうち保育・就学前教
育を提供していたのは約800か所であった）．このように貧困度の高い地域
からあらゆる地域へと普遍化が図られたものの，その後は再び対象を絞った
ものへと変化していく．政府は統合が進んだ結果としているが，その総数は
2014年6月に3,019か所にまで減少した．また施設としての特徴も，普遍的,
あるいは比較的オープンな「立ち寄って遊ぶ場」からエビデンスに基づく子
育てプログラムを増やす方向へとシフトした．実際，2012年から2014年に
かけて利用を止めた者の多くは比較的裕福な家族であり，低所得・非就労層
は引き続き利用する傾向にあった．なお従事者からは，そこまで複雑な必要

を有してはいないものの，依然として貧困下にある家族へのサービスが取り
下げられることを懸念する声も上がった．

　さて，ここまでがイングランドにおける家族政策の概要であるが，政治的
側面で興味深いのは，労働党議員による報告書が，連立政権が打ち出す政策
の根拠に用いられた点である（本書91-92頁参照）．とりわけフランク・フィ
ールド（Frank Field）は1960年代から子どもの貧困アクション・グループ
（CPAG：Child Poverty Action Group）という反貧困団体の主要メンバーとし
て活動し，社会保障給付・税制を通じた所得面で子どもの貧困を削減する政
策の実施を訴えてきた．しかしキャメロンの求めに応じて作成した2010年
の報告書において，彼は所得移転のみでは子どもの貧困を撲滅することはで
きないという結論に至る（Field, 2010）．その報告書のなかで，彼はサービ
ス利用者に対するスティグマの付与を回避しつつも，シュア・スタートは社
会的に最も不利な者にとってベストなものに立ち返る必要があると述べてい
る．また同じくキャメロンからの依頼を受け，フィールドの報告書の数か月
後に公刊されたのが労働党のグラハム・アレン（Graham Allen）の報告書で
あった（Allen, 2011）．フィールドは労働党のブラウンが財務大臣の際に税・
社会保障改革で対立したことがあり，アレンもまた労働党政権時に社会政策
の立案から遠ざかっていたとされる（Purcell, 2020）．特にアレンは，2008
年に保守党のイアン・ダンカン・スミス（Ian Duncan-Smith）とともに『早
期介入：善き親，偉大な子ども，より良い市民（Early Intervention：Good
Parents, Great Kids, Better Citizens)』という報告書を共同で執筆していた．
2010年12月に連立政権は，労働党時代のシュア・スタートなど児童サービ
ス内で分かれていた予算について，使途の制約を外し，各地方自治体に向け
た早期介入交付金に一本化することをアナウンスした．アレンはこれを歓迎
した．それは地方自治体がフレキシブルに，最もインパクトのある早期介入
を行ううえで有用な財政措置と考えたためであった（その後，自らの報告書
で提案した早期介入財団の創設は2012年にダンカン・スミスによってアナ
ウンスされている）．こうして，連立政権以降，資金面でみれば中央政府か

ら地方自治体への財政移転が一般財源化されたわけだが，2013/14 年から，早期介入交付金は，より大きな資金枠組みの中に吸収されている（ただし 2 歳児の就学前教育の部分については別の補助金に移行した）．最近の算定によれば，早期介入交付金の総額は圧縮が続き，2017/18 年度には 12 億 1,000 万ポンドにまで減額され，2019/20 年度には 10 億 3,000 万ポンドとなる見通しである（Bate and Foster, 2017）．そのため，地方自治体は法で義務付けられたサービス（児童福祉など）への支出を優先し，それ以外のサービスは，タイトになった金額の枠内で競合することとなった．実際，労働党政権時にはひも付き補助金という形だったシュア・スタートへの公的支出額は連立政権以降，減少傾向にある（なお公的資金の使途の制限が取り払われたことに伴い，地方の裁量が増えたと同時に，シュア・スタートへの支出額の算定自体も困難となっている）．勤労税額控除を通じた保育料補助も，利用額の 80％ から 70％ へと適用率が下がり，税額控除の仕組みも改正され，対象者が減ったことから公的支出額は減少に転じている．こうした緊縮のなか，連立政権が推し進めたのが社会的に不利な 20％（のちに 40％ まで拡大）の 2 歳児への無料教育の実施と，10 代の妊婦への集中的なサービスであるファミリー・ナース・パートナーシップの規模拡大であった（Stewart and Obolenskaya, 2016）．

　しかし先述の通り，実質的には児童サービス全体に対する公的資金の規模縮小が続いている．より詳しくいえば，地方自治体は児童サービスへの財源を確保するため，使途の制限が緩和された他分野から財源を補塡しているが，それでも追い付かない状態にある．さらに，最もはく奪度の高い地域の地方自治体の方が，最もはく奪度の低い地域の地方自治体よりも，児童サービスへの支出額の減少率が高くなっており，地域間の格差拡大も懸念される．財政全体でみても，本書 138 頁で指摘の通り，2010/11 年から 2017/18 年の間に中央政府から地方政府への財政移転は約半分にまでカットされている．これは，かつて労働党政権時に，社会政策で積極的な役割を果たす機関という志をもった財務省の役割が，連立政権下のジョージ・オズボーン（George

Osborne）財務大臣（当時）のもと大きく変わったことを物語っている．

　さて，本書で示唆的なのはもちろん第4章だけではない．特に親の子育て支援をめぐる議論が参考になる．第3章や第5章で示されているように，神経科学の研究の発展に従い，子どもの発達を促す要因そのものや，善き子育てとは何かについて科学的根拠が蓄積されつつあり，これらは日本で子育てプログラムの導入・検証を行ううえでも重要な知見である．ただし，確立された知見であっても，その解釈には慎重でなければならない．特に後者（善き子育てとは何か）について，研究は親の欠点を責めるために行われているわけではない（Richards et al, 2016）．たとえば親が子に読み聞かせをするのは，親が子どもの時に恵まれていたことや，その教育経験に由来するのかもしれない．つまり表面的には親の行動だとしても，その選好は社会的・経済的背景によって形作られた可能性がある（もちろん，社会の意識の変化によって皆が行うようになり，不平等が縮小するということもあるだろう）．また，博物館に行くといった文化的な活動そのものがその後の労働市場での成功をもたらすのかもしれないが，実はそれが恵まれた階層の1つの習慣に過ぎず，そうした家庭の子どもはいずれにしてもうまくいくのかもしれない．科学的根拠を重視する点に異論はなくとも，社会移動委員会の報告書が指摘するように，社会移動に関する研究は，社会的に望ましいとされる「中流階級」の子育て行動を強調しすぎる可能性がある点を忘れてはならない（Richards et al, 2016）．日本への示唆を考えるならば，そうした子育て（ペアレンティング）をリスト化して貧困家庭にも奨励し，実践した者に現金を給付するというような方法ではなく，まず低所得の子育て家庭に手厚い現金給付を行い，所得の悩みを軽減し，親子間だけでなく，親どうしの関係を良好に保つ必要があるのではないだろうか．具体的な子育て方法については，各テーマや領域（たとえば親による子の教育への関与について）別のエビデンスを丁寧に発信・説明し，親への理解を促す方が望ましい．その意味で，とりわけケリス・クーパー（Kerris Cooper）とキティ・スチュワート（Kitty Stewart）が提示する「投資モデル」と「家族ストレスモデル」という観点が参考になろう．また，子

育て世帯を社会で支援するという意味でも，日本の児童手当のように普遍的な性格をもつものについては，所得制限をつけるべきではない（宮本，2021）．イギリスでは，貧困下にある家族と豊かな家族の間で分断を生むべきではないという考えのもと，かつて普遍主義的な児童手当が実現されていたという経緯がある．

　さて，それではサービス給付面についてどうだろうか．イギリスの経験からみれば保育・幼児教育のさらなる充実は全般的に好意的に受け止められてきたわけだが，この点は日本も共通している．教育については文部科学省によって，2018年より3歳児の幼児教育が施設類型にかかわらず無償化されている．また2022年より「幼保小の架け橋プログラム」が始まり，5歳から小学校1年生への教育の連続性が全国的に図られるようになった（秋田，2022）．さらに2023年4月より，こども家庭庁が設置され，厚生労働省所管の保育所と文科省・厚労省の共同所管にある認定こども園は，こども家庭庁の所管となる．あわせて保育所，認定子ども園，および文科省所管の幼稚園で共通の保育や教育を受けられるよう，その基準を文科省と共同告示することとなっている．これは，こども家庭庁が担う3つの部門のうち，「成育部門」の役割とされる．また「支援部門」では，虐待やいじめ等さまざまな課題への対応が行われ，「企画立案・総合調整部門」では，エビデンスに基づく政策の策定が謳われている．さらに，こども家庭庁では，子どもや子育て当事者の視点の重視，地方自治体との連携，NPOをはじめとする市民社会との連携・協働など，本書と共通する基本姿勢も示されている．ほかにもヤングケアラー，若年妊婦への対応も含まれており，関与する分野は実に多岐にわたる．それだけ期待も大きいが，シュア・スタートやすべての子どもの平等保証（ECM）というイギリスの経験をふまえるならば，まずは時間をかけて関係省庁や各種専門家と連携し，継続的に取り組みを評価・改善することが重要である．そして財政面でも長く，かつ手厚くバックアップできるかが大きな鍵となるだろう．

188

なお，本書の訳出にあたり，多くの書籍，論文，各種サイトを参照した．訳語や訳注に関し引用・参照した文献・ウェブサイトは下記の通りである．

ght В

188

なお，本書の訳出にあたり，多くの書籍，論文，各種サイトを参照した．訳語や訳注に関し引用・参照した文献・ウェブサイトは下記の通りである．

大森賀乃（2016）「文化的文脈からみた乳幼児期からの養育環境についての考察」『東京大学大学院教育学研究科紀要』55：207-216.

岡本正子，中山あおい，二井仁美，椎名篤子編（2019）『イギリスの子ども虐待防止とセーフガーディング：学校と福祉・医療のワーキングトゥギャザー』明石書店.

小塩真司編（2021）『非認知能力：概念・測定と教育の可能性＝Noncognitive abilities : concepts, measurement and educational possibilities』北大路書房.

ガンバロ，スチュワート，ウォルドフォーゲル編，山野良一，中西さやか監訳，大野歩，鈴木佐喜子，田中葵，南野奈津子，森恭子訳（2018）『保育政策の国際比較：子どもの貧困・不平等に世界の保育はどう向き合っているか』明石書店.

金子光一，小舘尚文編（2019）『新世界の社会福祉1 イギリス/アイルランド』旬報社.

金子充（2016）「イギリスの社会扶助の再編—貧困の実態とユニバーサル・クレジットの展望—」『立正社会福祉研究』17（1, 2）：21-28.

上綱秀治（2022）「2021年教育及び訓練（児童福祉）法の制定：イギリス」『外国の立法. 月刊版：立法情報・翻訳・解説』(291-1)：20-21.

子どもの貧困アクショングループ編，松本伊智朗監訳，松本淳訳（2022）『子どもの貧困とライフチャンス：イギリスの政策と議論に学ぶ』かもがわ出版.

栩瑞希子（2017）「イギリスにおける保育無償化政策の展開と課題」『保育学研究』55(2)：132-143.

津崎哲雄（2013）『英国の社会的養護の歴史：子どもの最善の利益を保障する理念・施策の現代化のために』明石書店.

土橋康人（2020）「各国の動向 英国におけるユニバーサル・クレジット（Universal Credit）の導入 II」『社会保障研究』5(1)：140-143.

西牧謙吾，當島茂登，石川政孝（2006）「「脳科学と教育」研究の必要性と方向性について—障害児教育的視点から」『国立特殊教育総合研究所研究紀要』33：3-14.

三宅由佳（2019）「英国における困難家族プログラムからの考察」Human Welfare : HW 11 (1)：119-132.

ムンロー，アイリーン著，増沢高監訳，小川紫保子訳（2021）『子ども虐待 保護から早期支援への転換：児童家庭ソーシャルワーカーの質的向上をめざして』明石書店.

森久智江（2005）「イギリス少年司法における委託命令（Referral Order）について：修復的司法の可能性と限界をめぐる予備的考察として」『九大法学』90：363-458.

矢口悦子（2020）「イギリスにおける地域を基盤とした総合型子育て支援事業の変遷―「シュア・スタート子どもセンター」から「ファミリー・ハブ」へ―」『東洋大学文学部紀要．教育学科編』45：1-9.

山本隆（2011）「イギリスにおける貧困への視座と対策―労働政権時代の貧困・地域再生政策の検証―」『海外社会保障研究』No. 177：15-30.

山本隆（2019）『貧困ガバナンス論：日本と英国』晃洋書房.

吉田直哉，鈴木更紗（2020）「翻訳・「子ども保護に関するマンロー報告（最終版）概要：子ども中心システムに向けて」」『敬心・研究ジャーナル』4(1)：71-79.


ウェブサイト

イギリス政府サイト　https://www.gov.uk/（最終アクセス日 2023 年 1 月 15 日）

社会的学習：心理学用語集　https://psychologist.x0.com/terms/114.html（最終アクセス日 2023 年 1 月 15 日）

田巻帝子・南方暁「英国（イングランド・ウェールズ）における親権・監護権に関する法令および関連条文の概要」https://www.mofa.go.jp/mofaj/files/000069135.pdf（最終アクセス日 2023 年 1 月 15 日）

平成 27 年度少子化社会に関する国際意識調査報告書　第 4 部 各国の少子化対策施策　第 3 章 イギリス（大石亜希子）https://www8.cao.go.jp/shoushi/shoushika/research/h27/zentai-pdf/pdf/s4_3.pdf（最終アクセス日 2023 年 1 月 15 日）

BBC NEWS JAPAN　メイ新英首相「あなたのためにできることを何でも」所信表明（2016 年 7 月 14 日）https://www.bbc.com/japanese/video-36791230（最終アクセス日 2023 年 1 月 15 日）


さて，翻訳にあたっては，さまざまな方に大変お世話になった．本書を翻

訳すべきか悩んでいたとき，相談にのってくださったのが，京都大学大学院の諸富徹先生だった．原著に目を通していただき，心強いお言葉をいただいたおかげで，ここまで翻訳を進めることができた．また，北海学園大学のジェレミー・ブシャー（Jeremie Bouchard）先生には，翻訳について何度かにわたり丁寧なアドバイスをいただいた．奈良女子大学の林拓也先生には，統計に関する貴重なご意見をいただいた．また滋賀大学の林結佳先生には，翻訳全体に関するアドバイスをいただいた．作業を始めて間もなくコロナ禍となり，先の見えない状況が続いた．そのようななか，北海学園大学の水野邦彦先生のお力添えをいただき，日本経済評論社の清達二さんから当初より前向きにご検討いただいたこと，そして最後の校正まで粘り強くサポートしていただいたことに深く感謝申し上げる．

2023年1月

宮 本 章 史

### 参考文献

Allen, G. (2011) Early Intervention: The Next Steps, London: Cabinet Office.

Bate, A. and Foster, D. (2017) *Sure Start (England)*, House of Commons Library.

Eisenstadt, N. (2011) *Providing a sure start, how government discovered early childhood*, Bristol: Policy Press.

Field, F. (2010) *The foundation years: Preventing poor children becoming poor adults*, London: Cabinet Office.

Purcell, C. (2020) *The Politics of Children's Services Reform: Re-examining Two Decades of Policy Change*, Bristol: Policy Press.

Richards, L., Garratt, E. and Heath, A.F., with Anderson, L. and Altintaş, E. (2016) *The childhood origins of social mobility: Socio-economic inequalities and changing opportunities*, London: Social Mobility Commission.

Stewart, K. and Obolenskaya, P. (2016) 'Young children', in Lupton, R., Burchardt, T., Stewart, K.,Vizard, P., (eds) *Social policy in a cold climate: Policies and their consequences since the crisis*, Bristol: Policy Press.

秋田喜代美（2022）「子ども子育て政策の現状と動向」『学術の動向』27(6)：10-13.

金子充（2019）「第7章　ワークフェア化と合理化が進む対貧困政策－緊縮財政下の税・社会保障改革のリスク」金子光一，小舘尚文編『新世界の社会福祉1イギリス/アイルランド』旬報社.

田中弘美（2019）「第10章　子育て家庭に向けた支援政策のあゆみ」金子光一，小舘尚文編『新世界の社会福祉1イギリス/アイルランド』旬報社.

椨瑞希子（2014）「イギリスの保育制度改革：チルドレンズ・センター事業を中心に（第9回大会シンポジウム：諸外国における保育制度改革の歴史的検討)」『幼児教育史研究』9：51-66.

椨瑞希子（2017）「イギリスにおける保育無償化政策の展開と課題」『保育学研究』55(2)：132-143.

津崎哲雄（2013）『英国の社会的養護の歴史：子どもの最善の利益を保障する理念・施策の現代化のために』明石書店.

宮本章史（2021）「イギリスの家族支援と社会政策」『図書』(874)：32-36.


　ウェブサイト

こども政策の新たな推進体制に関する基本方針のポイント　https://www.cas.go.jp/jp/seisaku/kodomo_seisaku/pdf/kihon_housin_gaiyou.pdf（最終アクセス日2023年1月15日）

# 索引

194

## 訳者紹介

宮本 章史
みや もと あき ふみ

北海学園大学准教授．1982 年生まれ．京都大学大学院経済学研
究科博士後期課程単位取得満期退学．博士（経済学）（京都大学）．
主著に『テキストブック現代財政学』（共著，有斐閣）2016 年，
『資本主義経済システムの展望（岩波講座 現代 第 3 巻）』（共著，
岩波書店）2016 年，『現代租税の理論と思想』（共著，有斐閣）
2014 年，論文「『社会的投資国家』の経済思想—スウェーデンに
おける積極的労働市場政策の思想的系譜—」（諸富徹との共著）
『思想』第 1047 号，7-31 頁，2011 年，ほか．

N. アイゼンシュタット & C. オッペンハイム

**イギリス家族政策はどう変わったのか**
子育て・貧困と政府の役割

2023 年 2 月 25 日　第 1 刷発行

定価（本体 2700 円＋税）

訳　者　宮　本　章　史
発　行　者　柿　﨑　　　均
発 行 所　株式会社 日本経済評論社

〒 101-0062 東京都千代田区神田駿河台 1-7-7
電話 03-5577-7286　FAX 03-5577-2803
E-mail：info8188@nikkeihyo.co.jp

装幀・徳宮峻　　　　　　　　　中央印刷・誠製本

落丁本・乱丁本はお取替えいたします　　Printed in Japan
Ⓒ MIYAMOTO Akifumi 2023
ISBN 978-4-8188-2627-4 C0036

# シリーズ 社会・経済を学ぶ

**木村和範** 格差は「見かけ上」か 所得分布の統計解析

所得格差の拡大は「見かけ上」か. 本書では, 全国消費実態調査結果（ミクロデータ）を利用して, 所得格差の統計的計測にかんする方法論の具体化を試みる. **本体3000円**

**古林英一** 増訂版 現代社会は持続可能か 基本からの環境経済学

環境問題の解決なくして人類の将来はない. 環境問題の歴史と環境経済学の理論を概説し, 実施されている政策と現状を環境問題の諸領域別に幅広く解説する. **本体3000円**

**小坂直人** 経済学にとって公共性とはなにか 公益事業とインフラの経済学

インフラの本質は公共性にある. 公益事業と公共性の接点を探りつつ, 福島原発事故をきっかけに浮上する電力システムにおける公共空間の解明を通じて, 公共性を考える. **本体3000円**

**小田 清** 地域問題をどう解決するのか 地域開発政策概論

地域の均衡ある発展を目標に策定された国土総合開発計画. だが現実は地域間格差は拡大の一方である. 格差是正は不可能か. 地域問題の本質と是正のあり方を明らかにする. **本体3000円**

**佐藤 信** 明日の協同を担うのは誰か 非営利・協同組織と地域経済

多様に存在する非営利・協同組織の担い手に焦点をあて, 資本制経済の発展と地域経済の変貌に伴う「協同の担い手」の性格変化を明らかにし, 展望を示す. **本体3000円**

**野崎久和** 通貨・貿易の問題を考える 現代国際経済体制入門

ユーロ危機, リーマン・ショック, TPP, WTOドーハラウンド等々, 現代の通貨・貿易に関する諸問題を, 国際通貨貿易体制の変遷を踏まえながら考える. **本体3000円**

**越後 修** 企業はなぜ海外へ出てゆくのか 多国籍企業論への階梯

多国籍企業論を本格的に学ぶ際に, 求められる知識とはどのようなものか. それらを既に習得していることを前提としている多くの類書を補完するのが, 本書の役割である. **本体3400円**

**板垣 暁** 日本経済はどのように歩んできたのか 現代日本経済史入門

戦後の日本経済はどのように変化し, それにより日本社会はどう変化したのか. その成長要因・衰退要因に着目しながら振り返る. **本体3000円**

**笠嶋修次** 貿易自由化の効果を考える 国際貿易論入門

貿易と投資の自由化は勝者と敗者を生み出す. 最新の理論を含む貿易と直接投資の基礎理論により, 自由化の産業部門・企業間および生産要素間での異なる経済効果を解説する. **本体3000円**

**市川大祐** 歴史はくり返すか 近代日本経済史入門

欧米技術の導入・消化とともに, 国際競争やデフレなど様々な困難に直面しつつ成長をとげた幕末以降から戦前期までの日本の歴史について, 光と陰の両面から考える. **本体3000円**

**水野邦彦** 韓国の社会はいかに形成されたか 韓国社会経済論断章

数十年にわたる国家主義統合と経済成長, その陰での民族抑圧構造, 覆い隠されてきた「過去事」とその清算運動, 米国・日本の関与とグローバル化の中で, 韓国社会を把握. **本体3000円**

**内田和宏** 参加による自治と創造 新・地域社会論

いま, 共同体として見直しが進む「地域社会」とは何か. これまでの地域社会の歴史と構造を学び, 高齢者, エスニック, 女性, ボランティア等々, 多様な住民の地域への参加を考える. **本体2800円**

**内田和宏** 自治と教育の地域づくり 新・地域社会論 II

地域住民の主体形成のための重要な「地域づくり教育」とは何か. 北海道内の先進自治体の事例と住民リーダーの役割を紹介・分析する, 新しい地域社会論のテキスト. **本体3000円**

\*

**髙原一隆** 改訂版 地域構造の多様性と内発的発展 北海道の地域経済

主要産業や多様な地域を概観しながら, 北海道経済の発展には供給サイドと道内外の諸力との連携による新しいタイプの内発的発展が求められていることを提起する. **本体3000円**